Yves Thomas • Magali Hersant

Maths à grands pas pour les GS

RETZ
editions-retz.com

ISBN : 978-2-7256-3940-6

Ce livre est imprimé sur du papier issu de forêts gérées durablement.

Cet ouvrage est conforme à la nouvelle orthographe
www.orthographe-recommandee.info

Cet ouvrage suit l'orthographe recommandée par les rectifications de 1990 et les programmes scolaires. Voir le site http ://www.orthographe-recommandee.info et son miniguide d'information

Sommaire

Situations numériques

Situations	Tâches des élèves
1. Rouges et bleues	Réaliser deux collections de même cardinal.
2. La carte retournée (1)	Réaliser une collection de même cardinal qu'une collection qu'on a observée.
3. Combien sommes-nous ?	Constater qu'il y a n groupes de 10 enfants et encore x enfants. L'enseignant traduit cela par une écriture chiffrée.
4. Le rangement rapide	Reconnaitre rapidement des quantités représentées à l'aide de constellations.
5. La chanson des nombres	Dire la comptine numérique.
6. La carte retournée (2)	Associer une quantité à son écriture chiffrée.
7. L'escargot caché	Repérer une position dans une ligne d'environ 15 emplacements.
8. Les paniers	Obtenir n points en regroupant plusieurs collections représentées par des écritures chiffrées.
9. Le bon numéro	Lire les écritures chiffrées, trouver la place d'un nombre écrit dans une file muette.
10. La bataille d'aimants (1)	Comparer du point de vue de la quantité deux collections constituées chacune de plusieurs constellations.
11. Le gobelet	Déterminer rapidement la somme de deux dés ordinaires.
12. Les tours dessinées (1)	Comparer des collections ou des réunions de collections à partir des écritures chiffrées.
13. Le message	Écrire un nombre pour transmettre une information.
14. Le 1 rouge	Partager en deux parts égales une réunion de collections à partir d'écritures chiffrées. Par exemple partager 3-2-1-2-2.
15. La course à 10	Obtenir 10 points en réunissant plusieurs constellations. Obtenir 10 comme somme de plusieurs nombres écrits.
16. Les tours dessinées (2)	Obtenir deux quantités égales en complétant l'une des deux collections (par exemple compléter 2-5 ou 2-4).
17. La bataille d'aimants (2)	Comparer des sommes de nombres écrits en chiffres (deux nombres d'un côté, trois de l'autre).

Attendus des programmes travaillés	Organisation	Périodes 1	2	3	4	5
• Utiliser le dénombrement pour réaliser une collection de quantité égale à la collection proposée.	Atelier, travail individuel	●	●			
• Utiliser le dénombrement pour réaliser une collection de quantité égale à la collection proposée.	Atelier, travail individuel	●	●			
• Évaluer des collections avec des procédures numériques. • Communiquer des informations orales sur une quantité.	Classe entière	●	●	●	●	●
• Évaluer des collections d'objets avec des procédures numériques ou non numériques.	Travail en binôme	●	●			
• Dire la suite des nombres jusqu'à 30.	Classe entière	●	●	●	●	●
• Lire les nombres écrits en chiffres jusqu'à 10.	Atelier, travail individuel		●	●	●	
• Utiliser le nombre pour exprimer la position d'un objet sur un rang.	Atelier		●	●		
• Dire combien il faut ajouter pour obtenir des quantités ne dépassant pas 10. • Parler des nombres à l'aide de leur décomposition.	Travail en binôme		●	●		
• Utiliser le nombre pour exprimer la position d'un objet sur un rang.	Atelier puis en binôme ou travail individuel		●	●	●	
• Comparer des collections d'objets avec des procédures numériques ou non numériques.	Atelier devant le tableau		●	●		
• Parler des nombres à l'aide de leur décomposition. • Évaluer des collections d'objets avec des procédures numériques.	Atelier, binôme			●	●	
• Comparer des collections d'objets avec des procédures numériques. • Parler des nombres à l'aide de leur décomposition.	Atelier devant le tableau			●	●	●
• Mobiliser des symboles écrits pour communiquer des informations sur une quantité.	Atelier, binôme			●	●	
• Comparer des collections d'objets avec des procédures numériques. • Parler des nombres à l'aide de leur décomposition.	Atelier, binôme			●	●	●
• Dire combien il faut ajouter pour obtenir des quantités ne dépassant pas 10. • Parler des nombres à l'aide de leur décomposition. • Avoir compris que le cardinal ne change pas si on modifie la disposition spatiale.	Atelier, groupes de 2 à 4				●	●
• Parler des nombres à l'aide de leur décomposition. • Comparer des collections d'objets avec des procédures numériques. • Dire combien il faut ajouter pour obtenir des quantités ne dépassant pas 10.	Atelier devant le tableau				●	●
• Comparer des collections d'objets avec des procédures numériques. • Parler des nombres à l'aide de leur décomposition.	Atelier devant le tableau				●	●

Situations non numériques

Situations	Tâches des élèves
1. Le tableau	Placer un dessin dans un tableau à double entrée selon sa forme et sa couleur.
2. Dessiner un triangle	Dessiner à main levée des figures de plus en plus proches du triangle.
3. Les papiers pliés	Reconnaitre si une forme plane est symétrique.
4. Le plus grand train	Choisir deux baguettes de longueurs voisines. Choisir la plus longue de ces deux baguettes. Comparer des longueurs.
5. Le musée des solides	Construire des solides à partir de pièces planes. Reconnaitre ceux qui sont identiques. Reproduire des solides.
6. La main droite du copain	Reconnaitre sa main droite et celle d'une autre personne.
7. La chasse aux triangles	Identifier des triangles dans un réseau de droites.
8. Les carrés ratés	Reproduire une figure parmi plusieurs toutes proches du carré en respectant les caractéristiques la différenciant du carré.
9. Les nœuds	Réaliser des nœuds. Reconnaitre si des cordes forment un nœud ou non.
10. Les dessins cachés	Cacher un dessin constitué de segments avec le moins de bandes de papier possible.
11. Le musée des formes plates	Construire et classer des figures planes constituées de carrés et de triangles équilatéraux.
12. La même forme	Reconnaitre une forme à partir d'une description orale par l'enseignant.
13. Le rangement par poids	Ranger des objets du plus lourd au plus léger en utilisant une balance.
14. Les constructions	Reproduire une construction en l'observant.
15. Les deux feuilles	Réaliser des formes variées en assemblant deux feuilles. Dénombrer les côtés de ces formes. Chercher une forme ayant un nombre de côtés donné.
16. Les machines	Prévoir la position d'un point quand un objet se déplace.

Attendus des programmes et autres capacités travaillées	Organisation	Périodes				
		1	2	3	4	5
• *Comprendre l'organisation d'un tableau à double entrée*.*	Atelier, travail individuel	●				
• Dessiner des formes planes.	Travail en binôme	●	●			
• Classer des objets en fonction de caractéristiques liées à leur forme.	Atelier ou plus grand groupe	●	●			
• Classer ou ranger des objets selon un critère de longueur.	Travail en binôme		●	●	●	
• Reconnaitre, construire et reproduire des solides. • Classer des objets en fonction de caractéristiques liées à leurs formes.	Atelier		●	●	●	
• Se situer par rapport à d'autres. • Utiliser des marqueurs spatiaux adaptés.	Classe entière		●	●		
• Reconnaitre et nommer des formes planes (triangle).	Travail en binôme			●	●	●
• Reproduire une forme plane. • *Repérer certains traits caractéristiques du carré.*	Atelier			●	●	●
• Situer des objets entre eux. • *Reproduire des formes courbes dans l'espace.*	Atelier			●	●	●
• *Remarquer que plusieurs segments peuvent être situés sur une même droite.* • Repérer un alignement.	Atelier			●	●	
• Classer des objets en fonction de caractéristiques liées à leur forme.	Atelier			●	●	●
• Situer des objets entre eux.	Atelier				●	●
• Ranger des objets selon un critère de masse.	Atelier				●	●
• Reproduire un assemblage de solides à partir d'un modèle.	Atelier				●	●
• Classer des objets en fonction de caractéristiques liées à leur forme. • Évaluer une collection.	Atelier				●	●
• *Avoir une image mentale de certains déplacements.*	Atelier					●

**En italique nous indiquons des capacités travaillées qui ne figurent pas dans les attendus des programmes de 2015.*

Présentation de l'ouvrage

Ce livre propose **33 situations mathématiques**[1] pour la grande section dans les domaines numérique et non numérique. Ces situations prennent en compte les apports de la recherche en didactique, les spécificités du fonctionnement des classes maternelles et les programmes de l'école maternelle parus en 2015. Dans la plupart des cas, le matériel nécessaire n'est ni long à préparer ni coûteux.

Nous avons choisi des situations pour lesquelles nous pouvons assez facilement expliciter les savoirs mathématiques en jeu. Cependant, quelques situations comme « les nœuds » ou « les deux feuilles » nous ont paru suffisamment riches pour mériter d'être présentées aux élèves même si le lien avec les savoirs mentionnés dans les programmes est plus ténu.

Les situations sont regroupées en deux parties. La première concerne l'apprentissage de **savoirs numériques**, le plus souvent à partir de la résolution de problèmes ou à partir de calculines (comptines numériques) chantées. Un enregistrement de ces calculines figure sur le CD joint à cet ouvrage.

La seconde partie est consacrée à l'apprentissage, à partir de la résolution de problèmes, de savoirs concernant **la géométrie, le repérage dans l'espace et les grandeurs.**

Les situations numériques et non numériques

Des situations peu nombreuses mais reprises plusieurs fois

La plupart des situations sont constituées de séances brèves destinées à être reproduites de nombreuses fois afin d'**installer progressivement les savoirs et compétences**. En effet, un passage trop rapide d'une situation à l'autre ne permet pas à tous de progresser (voir paragraphe « formulation de la consigne » p.13).

Cette durée implique que toutes les situations du livre ne pourront pas être proposées dans une année scolaire. Ce n'est pas grave car les savoirs mis en jeu ne sont pas si nombreux, surtout dans le domaine numérique. Plusieurs situations font par exemple référence à la rubrique du programme « parler des nombres à l'aide de leur décomposition ». Nous ne cherchons pas à faire mémoriser toutes les décompositions possibles des petits nombres mais à montrer aux élèves que la connaissance de quelques décompositions (5 c'est comme 3 et encore 2, par exemple) permet d'effectuer correctement des comparaisons de quantités ou des partages à partir seulement des écritures chiffrées. Certaines de ces situations sont très proches, par exemple les situations « tours dessinées (1) » et « bataille d'aimants (2) ».

---

1. Issues en partie du site d'Yves Thomas : **primaths.fr**
Pour cet ouvrage, les situations ont été retravaillées et enrichies conjointement par Magali Hersant et Yves Thomas (ajouts de rubriques, de fiches trace pour les parents « Ce que nous avons appris en maths », de tableaux synthétiques indiquant pour chaque situation les tâches des élèves en lien avec les programmes ainsi que les périodes de l'année à partir desquelles les situations peuvent être mises en œuvre).

L'enseignant est seul à même de juger si une situation mérite d'être poursuivie parce qu'elle suscite encore l'adhésion des élèves ou s'il est préférable de changer de situation pour renouveler l'intérêt.

Les différentes séances consacrées à une situation ne sont pas une simple répétition routinière. Les procédures des élèves s'affinent et la situation elle-même peut évoluer, parfois simplement en augmentant progressivement les nombres en jeu. Dans certains cas, c'est en modifiant d'autres aspects de la situation qu'on peut la faire évoluer.

Tout au long de l'année, **les problèmes posés aux élèves s'enrichissent, mettent en jeu des savoirs nouveaux** pendant que les anciens continuent à être mobilisés.

Certaines situations numériques proposées pour le début de l'année sont très proches de situations présentes dans le volume destiné aux petite et moyenne sections. L'enseignant jugera si elles correspondent encore à des besoins pour ses élèves. D'autres situations de ce premier volume, que nous n'avons pas reprises, peuvent encore être pertinentes en GS en adaptant les valeurs numériques ou les dispositions, par exemple « un dans chaque tirelire » ou « les suites de points à reproduire ».

La question des objectifs

Nous avons souvent constaté auprès des étudiants et stagiaires avec lesquels nous travaillons que la notion « d'objectif » a beaucoup perdu de sa force. Dans les cas extrêmes, il ne s'agit plus que de remplir une case dans la fiche de préparation, et non de réfléchir à la finalité de l'activité.

La formulation d'objectifs à l'échelle d'une séquence ou d'une séance nous parait par ailleurs moins adaptée en maternelle qu'elle ne l'est par exemple au cycle 3. Si on décide au cycle 3 d'enseigner ce qu'est un angle ou bien la formule de calcul de l'aire d'un rectangle, il est raisonnable d'espérer qu'après un petit nombre de séances bien construites la plupart des élèves concernés (idéalement tous) auront acquis le savoir visé. Il n'en va pas de même à l'école maternelle où une faible différence d'âge peut correspondre à de grands écarts psychocognitifs et où les apprentissages importants demandent des durées longues.

Par ailleurs, les intitulés des programmes ne sont pas toujours faciles à traduire en formulations adaptées aux élèves. Dire par exemple qu'on travaille la compétence « parler des nombres à l'aide de leur décomposition » ne renseigne guère.

C'est pourquoi l'objectif poursuivi par l'enseignant dans chaque situation est à rechercher dans deux rubriques :
– « **Exemples de formulation des savoirs par l'enseignant** » propose un petit nombre d'énoncés présentant les savoirs visés dans un langage accessible aux élèves.
– « **Ce que nous avons appris en maths** » propose des documents à photocopier ou à imprimer à partir du CD destinés aux parents d'élèves qui peuvent ainsi être informés du contenu du travail fait en classe sans que l'on doive pour cela faire travailler les élèves sur fiche.

Deux **tableaux récapitulatifs** pages 4 à 8 précisent par ailleurs les tâches des élèves dans chaque situation et les attendus des programmes 2015 concernés. Ces tableaux devraient aider les enseignants à **se repérer rapidement dans l'ouvrage et à préparer leur propre progression**.

Ce qui est attendu des enfants en fin d'école maternelle

Découvrir les nombres et leurs utilisations

Utiliser les nombres

- Évaluer et comparer des collections d'objets avec des procédures numériques ou non numériques.
- Réaliser une collection dont le cardinal est donné. Utiliser le dénombrement pour comparer deux quantités, pour constituer une collection d'une taille donnée ou pour réaliser une collection de quantité égale à la collection proposée.
- Utiliser le nombre pour exprimer la position d'un objet ou d'une personne dans un jeu, dans une situation organisée, sur un rang ou pour comparer des positions.
- Mobiliser des symboles analogiques, verbaux ou écrits, conventionnels ou non conventionnels pour communiquer des informations orales et écrites sur une quantité.

Étudier les nombres

- Avoir compris que le cardinal ne change pas si on modifie la disposition spatiale ou la nature des éléments.
- Avoir compris que tout nombre s'obtient en ajoutant un au nombre précédent et que cela correspond à l'ajout d'une unité à la quantité précédente.
- Quantifier des collections jusqu'à dix au moins ; les composer et les décomposer par manipulations effectives puis mentales. Dire combien il faut ajouter ou enlever pour obtenir des quantités ne dépassant pas dix.
- Parler des nombres à l'aide de leur décomposition.
- Dire la suite des nombres jusqu'à trente. Lire les nombres écrits en chiffres jusqu'à dix.

Explorer des formes, des grandeurs et des suites organisées

- Classer des objets en fonction de caractéristiques liées à leur forme. Savoir nommer quelques formes planes (carré, triangle, cercle ou disque, rectangle) et reconnaître quelques solides (cube, pyramide, boule, cylindre).
- Classer ou ranger des objets selon un critère de longueur ou de masse ou de contenance.
- Reproduire un assemblage à partir d'un modèle (puzzle, pavage, assemblage de solides).
- Reproduire, dessiner des formes planes.
- Identifier le principe d'organisation d'un algorithme et poursuivre son application.

Se repérer dans le temps et l'espace

- Situer des événements vécus les uns par rapport aux autres et en les repérant dans la journée, la semaine, le mois ou une saison.
- Ordonner une suite de photographies ou d'images pour rendre compte d'une situation vécue ou d'un récit fictif entendu, en marquant de manière exacte succession et simultanéité.
- Utiliser des marqueurs temporels adaptés (puis, pendant, avant, après…) dans des récits, descriptions ou explications.
- Situer des objets par rapport à soi, entre eux, par rapport à des objets repères.
- Se situer par rapport à d'autres, par rapport à des objets repères.
- Dans un environnement bien connu, réaliser un trajet, un parcours à partir de sa représentation (dessin ou codage).
- Élaborer des premiers essais de représentation plane, communicables (construction d'un code commun).
- Orienter et utiliser correctement une feuille de papier, un livre ou un autre support d'écrit, en fonction de consignes, d'un but ou d'un projet précis.
- Utiliser des marqueurs spatiaux adaptés (devant, derrière, droite, gauche, dessus, dessous…) dans des récits, descriptions ou explications.

« Bulletin officiel spécial n° 2 du 26 mars 2015 »

L'organisation dans la classe et dans l'année

Beaucoup de situations sont prévues pour des ateliers de 6 à 8 élèves. Quelques-unes, surtout en fin d'année scolaire, se réalisent devant un tableau. Ce dispositif permet de mettre l'ensemble du groupe au travail sur l'étude d'un cas et favorise de premières argumentations. Pour certaines situations (« le 1 rouge » et « les paniers » en particulier), les élèves sont invités à garder une trace écrite de leur activité lors de l'atelier. Ces traces seront exploitées devant le tableau avec l'enseignant pour revenir sur les procédures des élèves.

Nous ne proposons pas de progression, mais indiquons les périodes de l'année pendant lesquelles chaque situation peut être menée. Ces indications sont à prendre avec souplesse : elles permettent d'envisager une progressivité des apprentissages tout en évitant de proposer aux enfants des tâches trop complexes à un moment où ils n'ont pas les moyens de réussir ni de comprendre ce qui est en jeu.

Les enseignants qui feront de cet ouvrage leur principal outil trouveront dans la partie numérique des situations dans lesquelles le nombre est utilisé de façon fonctionnelle et sous des aspects variés, mais comme nous l'avons indiqué précédemment, il n'est ni nécessaire ni possible de traiter toutes les situations du livre dans l'année.

Dans la partie non numérique les situations sont beaucoup plus indépendantes les unes des autres. Là encore, il n'est pas possible de traiter toutes les situations du livre mais nous pensons souhaitable de conserver un équilibre entre des situations assez fermées visant un savoir bien identifié comme « la chasse aux triangles », « les papiers pliés » ou « la main droite du copain » et d'autres plus ouvertes qui permettent de découvrir les premières propriétés mathématiques d'objets rarement étudiés à l'école (« les nœuds ») ou de mener de véritables premières recherches (« le musée des formes plates », « les deux feuilles »).

Des situations « autovalidantes »

Dans cet ouvrage, vous trouverez de nombreuses situations « autovalidantes », c'est-à-dire des **situations dans lesquelles l'élève n'a pas besoin du maitre pour savoir s'il a réussi.**

- Par exemple, dans la situation « les papiers pliés » les élèves doivent prévoir si en pliant une forme en papier selon le pli indiqué, les deux morceaux vont se recouvrir exactement.
  Quand tous les élèves ont parié, la figure est pliée et chacun peut constater si le recouvrement est réalisé ou non. Même si l'enseignant plie lui-même la feuille, la vérité ne découle pas de sa parole mais de l'observation des faits.

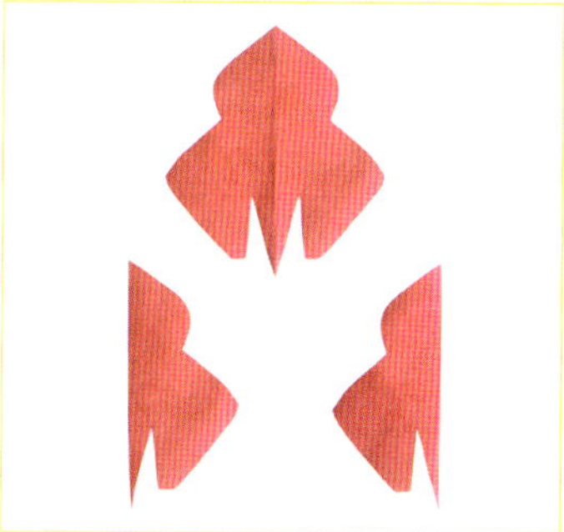

- Dans la situation « la carte retournée (1) », l'élève observe les points dessinés sur une carte, les cache en retournant la carte et essaie de prendre autant de jetons qu'il y a de points sur la carte.
  Il retourne à nouveau la carte pour que les points soient visibles et place les jetons qu'il a choisis sur les points. S'il peut placer exactement un jeton sur chaque point, il a réussi.

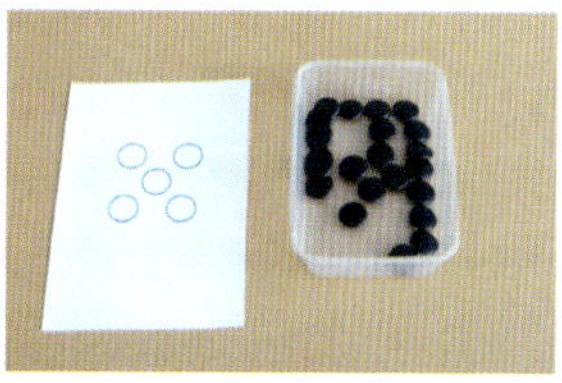

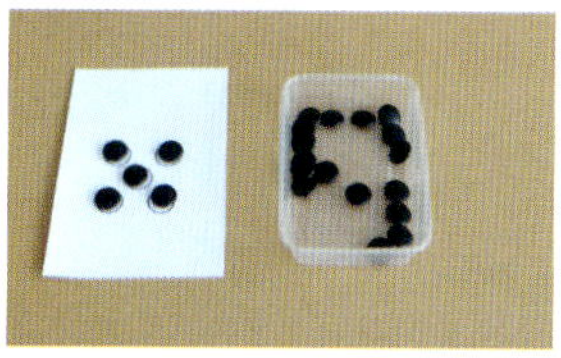

La validation par le matériel fournit à l'élève des informations pour réguler ses actions, ce qui l'aide à construire petit à petit de nouvelles connaissances. Cette possibilité de validation ne suffit pas à assurer les apprentissages, mais elle développe chez les enfants une attitude active favorable. À l'école maternelle, faire en sorte que les enfants conservent leur enthousiasme d'explorateur dans les activités scolaires importe autant que les savoirs à transmettre.

Si la situation n'est pas autovalidante, l'élève dépend du maitre pour savoir si sa production est correcte ; il peut alors chercher à deviner les attentes du maitre plutôt qu'à parvenir par lui-même au résultat attendu.

Les situations autovalidantes permettent également aux élèves de mieux comprendre les interventions de l'enseignant à plusieurs moments clés :

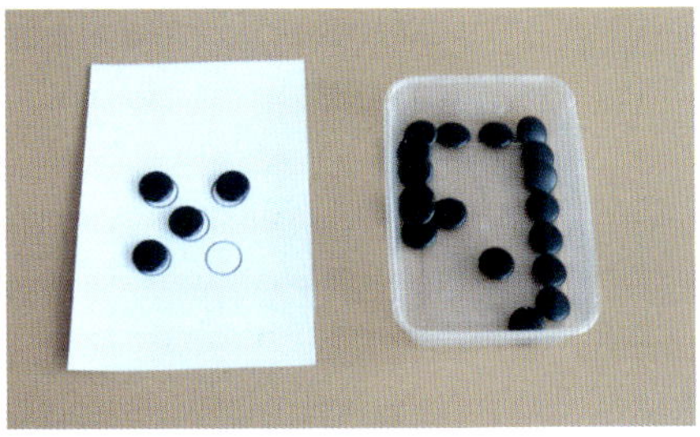

- En présentant la situation « la carte retournée (1) » l'enseignant précise les critères de réussite : il montre que si on peut placer exactement un jeton sur chaque point on a réussi, mais que s'il reste un point sans jeton ou si un jeton n'a pas de place, on n'a pas réussi.
  Il peut évidemment ajouter que pour réussir il faut « autant de points que de pions », mais ignorer le sens de cette expression n'empêche pas de comprendre le but à atteindre.
- Si un élève s'est trompé et a constitué une collection de 9 jetons pour une carte comportant deux constellations de 5 points, l'enseignant n'a pas à lui faire remarquer qu'il n'a pas réussi. Il peut se consacrer à fournir des conseils pour réussir une autre fois, par exemple : « As-tu vu que sur la fiche il y a 5 points ici et 5 là ? Pour réussir tu pouvais prendre 5 jetons pour ces 5 points-ci et encore 5 jetons pour ceux-là. » Si l'enseignant avait demandé de prendre autant de jetons que de points sans expliciter le processus de validation, il devrait à la fois convaincre l'élève que sa production n'est pas satisfaisante et lui donner des conseils pour la suite. Cela rendrait le message confus.

Quand une situation devient familière, l'élève prend confiance dans ses productions. Valider par le matériel devient alors moins utile. Si par exemple des élèves déclarent régulièrement à bon escient qu'ils ont pris 4 jetons et 4 jetons comme sur la fiche, ou qu'ils ont pris 8 jetons comme sur la fiche, ils n'ont plus besoin de valider.

Cependant, tout ne peut pas s'apprendre à travers des problèmes autovalidants. La comptine numérique doit par exemple être transmise par quelqu'un qui la connait. C'est pourquoi l'ouvrage comporte, à côté des situations problèmes, d'autres situations dans lesquelles des informations sont directement fournies aux élèves. C'est le cas par exemple de « la chanson des nombres » de « combien sommes-nous ? » ou des calculines.

De plus, l'action de l'élève seule, même dans une tâche autovalidante, suffit très rarement à l'apprentissage : **les interventions de l'enseignant sont indispensables, en particulier pour indiquer aux élèves les savoirs à retenir.**

Les interventions de l'enseignant

Elles sont essentielles à plusieurs moments clés.

La formulation de la consigne

En formulant la consigne, le maitre doit non seulement expliquer la tâche, mais aussi préciser les critères de réussite comme nous l'avons indiqué précédemment. Cet aspect est relativement facile à décrire ; nous avons choisi de le faire au style direct. Cette intervention se situant au début de la situation, elle dépend peu de l'activité des élèves et peut donc être reprise presque à l'identique.

La grande place occupée par la présentation des situations dans l'ouvrage se justifie par l'importance de ce moment : un élève qui n'a pas compris ce qu'il doit obtenir n'a aucune chance de progresser. Cela ne signifie pas que le temps accordé à cette présentation est long. **Dans bien des cas, la présentation racontée ne dure que quelques minutes.**

La présentation n'est pas l'activité mathématique elle-même. Celle-ci ne commence qu'une fois que les élèves ont compris ce qu'ils doivent obtenir. Dans les situations les plus difficiles, et en particulier pour les élèves les plus fragiles, il peut arriver que la première séance ne serve qu'à faire comprendre la tâche et les critères de validation. Il est donc inutile de proposer ces situations si on ne peut pas y consacrer au moins 4 ou 5 séances consécutives pour un même groupe d'élèves.

Par ailleurs, le moment de présentation aux élèves de l'activité mathématique n'est pas nécessairement la première prise de contact des élèves avec le matériel. Quand le matériel est nouveau et intrigant, quand il invite à la manipulation (« le musée des solides », « les nœuds »), il sera nécessaire de **laisser un temps de jeu libre avec ce matériel** avant de l'utiliser avec une règle précise. Ce moment de jeu libre n'est pas décrit dans l'ouvrage, **le récit commence au moment où l'enseignant décide d'introduire la règle du jeu qui vise des apprentissages mathématiques**.

La formulation des savoirs mis en jeu

Pour chacune des situations, nous avons pris en charge l'explicitation des savoirs par l'enseignant pour les élèves. Nous savons en effet par expérience de formateurs que le passage des objectifs des programmes à des formulations adaptées aux enfants n'est pas évident. Par exemple, dire que l'on travaille la compétence « parler des nombres à l'aide de leur décomposition » ne fournit aucune formulation du savoir en des termes compréhensibles par les élèves. Or ces formulations sont indispensables pour ancrer les apprentissages des élèves, leurs actions ne suffisent pas.

- Dans la situation « tours dessinées (1) » les élèves doivent répondre à des questions telles que « 5 briques bleues et 2 briques bleues font-elles une tour plus haute que 5 briques rouges ? ». Nous proposons pour cette situation plusieurs formulations parmi lesquelles : « 5 briques et encore 2 briques, c'est plus que 5 briques. 5 et 2, c'est plus que 5. »

Cet exemple associe une formulation qui fait référence au matériel et une autre décontextualisée. Cette redondance aide les élèves à comprendre la version la plus abstraite. Au fil des séances consacrées à une même situation et au cours de l'année, l'enseignant utilisera progressivement de plus en plus de formulations abstraites, en fonction des possibilités qu'il perçoit chez ses élèves.

Ces formulations ne sont pas seulement destinées à être utilisées à la fin du travail comme une sorte de conclusion, **elles doivent surtout servir pendant le travail à étayer, aider, confirmer les essais des élèves.**

Les exemples de formulations proposés dépendent des valeurs numériques et de l'activité effective des élèves, l'enseignant devra donc les adapter à la situation réelle.

Si certains aspects essentiels du savoir sont mis en évidence pendant le déroulement des activités proposées, d'autres sont fournis par l'enseignant comme informations préalables à l'activité. Il faut par exemple indiquer avant une situation utilisant les écritures chiffrées, de façon très explicite, que le chiffre 8 se lit « huit » : puisqu'il s'agit d'une convention, il n'y a aucune possibilité que les élèves la découvrent à travers leur activité.

Quelle trace de l'activité ?

Tout ce qui précède sur l'intérêt des situations autovalidantes est incompatible avec un travail où les enfants auraient seulement à remplir des fiches.

Cependant, il est légitime de chercher à conserver des traces écrites du travail effectué. Cela permet à l'enseignant, mais aussi à l'enfant lui-même et à ses parents, de prendre conscience du chemin parcouru, des apprentissages effectués au cours de l'année.

Parfois la trace est un outil préparé avant même l'activité comme « le livre des dés » que nous proposons de réaliser à l'occasion de la situation « le gobelet ». C'est le cas aussi de la bande numérique que nous proposons d'afficher pour la situation « le bon numéro ».

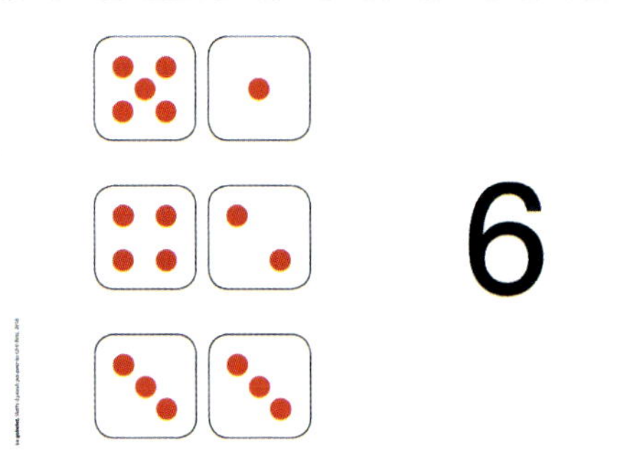

Le livre des dés.

Pour certaines situations, nous proposons que les élèves remplissent des fiches gardant la trace des parties qu'ils ont jouées. Ces traces peuvent être utilisées par l'enseignant comme support d'étude de cas.

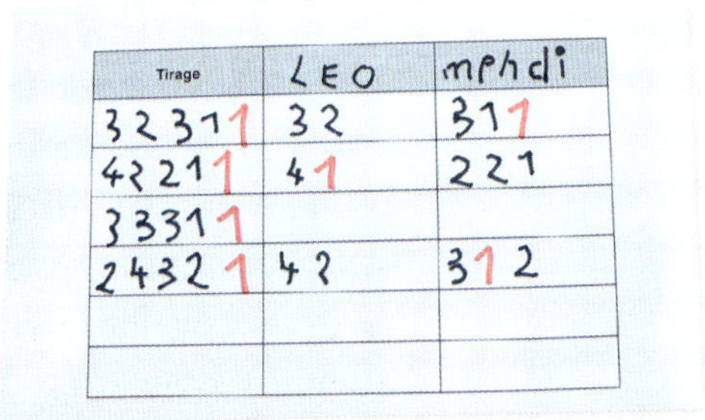

Tirage	LEO	mehdi
32311	32	311
42211	41	221
33311		
24321	42	312

Tableau rempli au cours de la situation « le 1 rouge ».

Nous proposons également pour chaque situation une fiche descriptive photocopiable, intitulée « Ce que nous avons appris en maths », qui fait part aux parents de l'activité réalisée par leur enfant.

Les tours dessinées (1)

Ce que nous avons appris en maths

Nous avons appris à prévoir quelle tour sera la plus haute à partir des nombres de briques écrits sur des cartes.

Voici un exemple :

- Au dos de ces cartes, il y a 3 briques bleues et 2 briques bleues.
- Au dos de ces cartes, il y a 5 briques rouges et 2 briques rouges.
- 5 c'est plus que 3 alors 5 briques rouges et 2 briques rouges, c'est plus que 3 briques bleues et 2 briques bleues. La tour rouge sera plus haute. Nous le savons avant de retourner les cartes pour vérifier.

Chaque ligne montre un problème du même genre.
Votre enfant ....
saura peut-être vous dire quelle tour est la plus grande mais c'est un travail difficile, il est normal qu'il ne sache pas répondre à tous ces problèmes.

Les calculines chantées

Les calculines sont à chanter en grand groupe, l'enseignant face aux élèves. Les élèves chantent en s'appuyant sur des illustrations affichées au tableau. Il s'agit surtout de **mémoriser des relations entre les nombres**, souvent à l'aide de décompositions, par exemple 6 c'est 3 et encore 3, mais c'est aussi trois paires.

Les calculines sont proposées dans un ordre correspondant sensiblement à une difficulté mathématique croissante, mais cela ne signifie pas qu'il faut les enseigner toutes et dans cet ordre.

Les calculines peuvent avoir diverses fonctions. On peut par exemple utiliser « six singes sont assis » (p. 87) :

2

Six singes sont assis

Période : Périodes 2 ou 3.

Matériel : Dessin avec une paire de singes (à imprimer en 5 exemplaires).

Déroulement

- Avant de faire entendre la chanson pour la première fois, l'enseignant affiche 3 paires de singes et explique ce qu'est une paire. Il fait remarquer que, comme le dit la chanson, il y a bien 3 paires de singes.
- Quand l'enseignant décide de poursuivre la chanson avec 8 singes (puis 10 singes), on prend le temps (avant de chanter) de remarquer que 8 singes c'est 6 singes et encore 2 singes et que c'est aussi 4 singes devant et 4 derrière ou 4 paires comme le dit la chanson.

88

- Comme **première approche des savoirs** « 6, c'est 3 et encore 3 », « 8, c'est 4 et encore 4 », « 10, c'est 5 et encore 5 » avec l'espoir que certains enfants le réinvestissent dans d'autres situations.
- Comme **institutionnalisation de ces savoirs** si la calculine vient après d'autres situations travaillant la même idée (par exemple « le gobelet »).
- Comme **moyen d'entretenir et d'étendre** à l'ensemble des élèves de la classe **un savoir déjà acquis** par beaucoup. Cette dernière utilisation nous parait particulièrement importante. En milieu de grande section, la calculine « six singes sont assis » n'apporte aucun savoir nouveau à certains élèves. Mais elle permet aux autres de continuer à travailler ces savoirs sans être prématurément désignés comme ayant des difficultés en mathématiques. Pour tous, il s'agira d'un moment de plaisir partagé.

Le CD fourni avec ce livre comporte un enregistrement chanté de chaque calculine, ainsi qu'une version instrumentale. Pour les enseignants qui savent s'accompagner d'une guitare ou d'un clavier, le CD comporte également les partitions avec indication des accords.

Sur le CD se trouvent aussi des fiches reprenant les paroles des calculines. Elles pourront être collées dans les cahiers et servir de traces pour les parents.

Trois p'tits minous

Trois p'tits minous qui avaient perdu leurs mitaines
ne les ont pas retrouvées, il a fallu en tricoter.
Combien, combien ?
Pour chauffer les petites mains.
Six !

Quatre p'tits minous qui avaient perdu leurs mitaines
ne les ont pas retrouvées, il a fallu en tricoter.
Combien, combien ?
Pour chauffer les petites mains.
Huit !

Cinq p'tits minous qui avaient perdu leurs mitaines
ne les ont pas retrouvées, il a fallu en tricoter.
Combien, combien ?
Pour chauffer les petites mains.
Dix !

Éclairages didactiques et justification des choix

Depuis une quarantaine d'années, les didacticiens des mathématiques s'attachent à identifier les conditions des apprentissages mathématiques des élèves. Pour cela, en particulier, ils questionnent les savoirs mathématiques, les problèmes dans lesquels ils interviennent, leurs relations... et étudient l'organisation matérielle d'une situation pour qu'elle permette presque certainement l'émergence du savoir visé.

En ce qui concerne l'école maternelle, les travaux de Brousseau et de son équipe au COREM[2] à partir des années 1970 constituent une référence solide. Ils ont permis l'identification de conditions d'apprentissage mathématique, ce qui a conduit à l'élaboration de la **théorie des situations didactiques**. Des résultats relatifs aux premiers apprentissages numériques (Briand, 1993, 1999, 2000 ; Margolinas et Wozniak, 2012) ont aussi été élaborés.

Les travaux dans le domaine de la psychologie cognitive ont produit des résultats complémentaires sur les apprentissages numériques (Fayol, 2012). En particulier, ceux de Brissiaud ont permis de revisiter les premiers apprentissages numériques (Brissiaud, 2003, 2007).

Les apprentissages numériques

Dénombrer une collection et mémoriser des premiers faits numériques

À l'école maternelle, le nombre est rencontré sous deux aspects : l'aspect **cardinal** lorsqu'il indique le nombre d'éléments d'une collection et **ordinal** lorsqu'il indique le numéro, la position, d'un objet dans une suite ordonnée.

Dénombrer une collection, c'est déterminer combien d'éléments elle comporte ; cela renvoie à l'aspect cardinal du nombre. Il y a plusieurs procédures pour dénombrer une collection, c'est-à-dire pour déterminer combien elle a d'éléments :

- Le **subitizing** est une perception rapide du nombre d'éléments d'une collection qui n'intervient que pour les toutes petites collections (1 à 3 ou 4 objets).
- La reconnaissance de **constellations** de référence (celles du dé dans notre ouvrage) : on peut dire qu'il y a 6 objets car on reconnait que l'organisation spatiale des objets est la même que celle utilisée sur la face 6 du dé. Contrairement au subitizing, cela demande un apprentissage.
- Le **comptage** suppose la connaissance de la comptine numérique ; il consiste à associer à chaque mot-nombre énoncé un objet et à identifier le dernier mot-nombre énoncé comme le cardinal de la collection. Le comptage suppose aussi de savoir énumérer une collection, c'est-à-dire la parcourir dans son intégralité (Briand, 1993, 1999, 2000).
- Le **calcul** suppose de connaitre quelques faits numériques et consiste à les utiliser pour trouver le cardinal de la collection. Par exemple, si je perçois que dans la collection il y a 3 objets et 2 autres, je sais qu'il y en a 5.

---

2. Centre d'observation et de recherches sur l'enseignement des mathématiques, à l'école de Talence.

Ces quatre procédures de dénombrement sont travaillées tout au long de l'école maternelle. En GS, on les développe en lien avec un apprentissage étendu de la comptine numérique, de l'écriture chiffrée des nombres et des premiers faits numériques.

En GS, on rencontre des quantités pour lesquelles le comptage est le mode de dénombrement privilégié : comment dénombrer 13 objets ou 29 objets autrement qu'en les comptant ? Pour autant, les dangers d'un usage exclusif du comptage mis en évidence par Brissiaud (2007) sont réels. C'est pourquoi, dans cet ouvrage, nous privilégions les procédures de dénombrement qui impliquent des décompositions - recompositions, à la fois dans les problèmes proposés aux élèves (« le gobelet », « les tours dessinées », « la bataille d'aimants ») et dans les calculines. Certaines de ces décompositions - recompositions prendront petit à petit le statut de premiers faits numériques mémorisés. Nous faisons le pari que la fréquentation régulière de ces décompositions permettra aux élèves d'en retenir certaines. En effet, il ne nous semble nécessaire ni de déterminer a priori une liste des décompositions à retenir ni d'évaluer prématurément les compétences dans ce domaine.

Décompositions et calcul

Les décompositions et le comptage sont complémentaires

Quand, en GS ou en CP, on cherche à déterminer combien il y a de billes dans une boite opaque et fermée, où l'on a mis successivement 7 billes bleues et 5 billes rouges, on peut utiliser l'une des deux procédures suivantes (mais il y en a d'autres), à condition que certaines décompositions soient déjà présentes en mémoire :

- **Utilisation des doubles :** Penser que si on déplace une des billes bleues pour la mettre avec les rouges, on a alors 6 billes et encore 6 billes, ce qui fait 12 billes (les doubles sont généralement mieux mémorisés que les autres sommes).
- **Compléments à 10 :** Voir les 7 billes bleues comme 5 et encore 2, puis rassembler les deux groupes de 5 pour déduire que 7 billes et 5 billes c'est comme 10 billes et 2 billes. Conclure que c'est 12 billes par exemple en surcomptant à partir de 10. En fin de CP, on peut aussi utiliser le système décimal : le nombre qui désigne une dizaine de billes et 2 billes isolées s'écrit avec un 1 et un 2, c'est 12.

L'apprentissage des décompositions des nombres entiers apparait donc comme capital dans la suite des acquisitions mathématiques des élèves, en particulier pour le calcul réfléchi.

En GS, nous préparons ce travail sur la numération décimale de position, qui sera réalisé au cycle 2, avec des calculines (« dix petits oiseaux », « l'omelette ») et des situations qui permettent de commencer à comprendre l'intérêt des groupements par 10 (« combien sommes-nous ? ») ou de rencontrer des décompositions de 10 (« la course à 10 »).

Allons plus loin : les décompositions ne sont pas seulement une façon pertinente d'accéder au nombre, elles sont une désignation des nombres à part entière, qui permet de résoudre certains problèmes de façon très efficace. En effet, considérons la situation suivante : j'ai dans une boite 4 briques bleues et 3 rouges, et dans une autre boite 4 briques bleues et 5 rouges ; je construis une tour avec toutes les briques de la première boite, une autre avec toutes les briques de la seconde boite ; quelle sera la tour la plus haute ?

- Comme 5 briques rouges c'est plus que 3 briques rouges, 4 et encore 5 c'est plus que 4 et encore 3. Il n'est pas nécessaire pour répondre à la question de savoir que 4 et encore 5 c'est 9 ni que 4 et 3 font 7.

Cette utilisation directe des décompositions sans passer par le nombre-somme est très utile en fin de CP ou en CE1 quand on apprend à poser des additions avec une retenue. Ainsi, pour effectuer en calcul posé 35 + 27, savoir que 5 + 7 c'est 5 + 5 + 2 ou 10 + 2 permet d'écrire directement le résultat de l'opération : il y a 2 unités et 3 + 2 + 1 dizaines.

Si « 3 et 3 » est une désignation correcte de 6, il est cependant utile de mémoriser certaines sommes. Par exemple, la situation « les paniers » vise à faire mémoriser des équivalences telles que « 3 et 2 c'est 5 » ou « 3 et 3 c'est 6 ».

Comme nous l'avons évoqué plus haut, le comptage reste cependant un outil indispensable, par exemple pour dénombrer une collection non organisée de 13 objets. De plus, le comptage n'est pas étranger au calcul. Il aide à installer la conviction que *le nombre suivant dans la comptine correspond à un de plus*. Ce type de décomposition (8 c'est 7 et 1; 10 c'est 9 et 1) peut paraitre banal mais c'est probablement la première propriété générale que les enfants apprennent sur les nombres. En effet, cette propriété est vraie pour tous les nombres entiers : 154 c'est 153 et 1 !

Construire les nombres, mais aussi les relations entre les nombres

Les deux illustrations ci-dessous visent à donner, sur l'exemple du nombre 8, une représentation des connaissances qu'un enfant peut avoir en fin de maternelle sur les relations entre ce nombre et les autres nombres.
Dans une approche basée exclusivement sur le comptage, ces connaissances ressemblent à ceci :

8 est relié fortement à son prédécesseur et à son successeur, mais il n'y a pas de lien disponible avec les autres nombres.

Un apprentissage réussi, prenant en compte à la fois le comptage et les décompositions, devrait conduire à des connaissances ressemblant à cela :

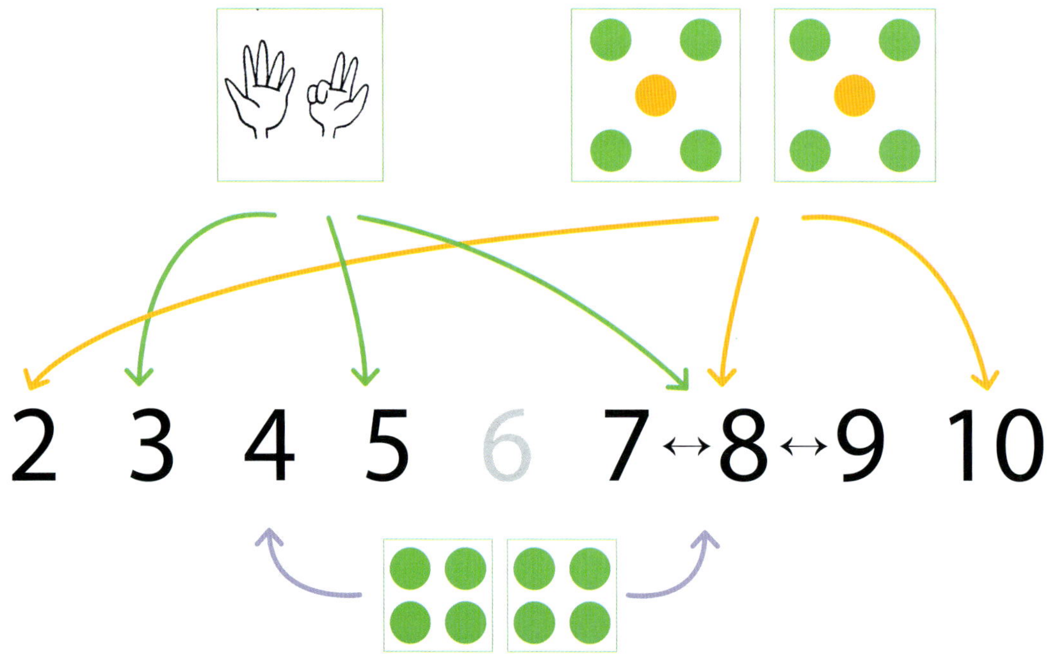

8 est encore relié à 7 et à 9, mais des relations nouvelles avec d'autres nombres existent et sont disponibles pour calculer.

Nous avons dans cette illustration utilisé la décomposition de 8 en 5 + 3. Nous aurions tout aussi bien pu choisir 6 + 2 car notre intention n'est pas d'affirmer que telle ou telle décomposition doit absolument être mémorisée. Nous disons simplement que plus les faits numériques connus tisseront un réseau serré entre les nombres, plus l'accès au calcul sera facilité. C'est à la construction de ce réseau de connaissances numériques que nous espérons contribuer avec les situations que nous proposons.

Les apprentissages spatiaux

On peut distinguer, à la suite de Berthelot et Salin, les connaissances spatiales des connaissances géométriques. Les premières permettent de maitriser des problèmes qui ont une finalité dans l'espace sensible et renvoient à des actions (fabriquer, se déplacer, déplacer, dessiner, etc.) ou à une communication à propos de ces actions. Dans ces problèmes, « le langage et les représentations spatiales permettent de communiquer des informations qui se substituent à la perception » et « la réussite ou l'échec est déterminé par le sujet en comparant le résultat attendu avec le résultat obtenu »[3]. Les connaissances géométriques, en revanche, sont mobilisées pour résoudre des problèmes qui concernent « le caractère nécessaire et non contradictoire de certaines propriétés des objets de la géométrie »[4]. Il ne s'agit donc plus de mettre en jeu l'espace physique et les objets, mais seulement des « figures-dessins » comme représentation d'objets idéaux (carré, cercle, point, segment…).
La géométrie mobilise de façon incontournable des connaissances spatiales. Pour cette raison, il est essentiel à l'école maternelle de prendre le temps d'enrichir chez les élèves la connaissance des objets spatiaux avant d'arriver trop rapidement et trop exclusivement aux objets géométriques.

Certaines situations que nous proposons mobilisent uniquement des connaissances spatiales, par exemple « la main droite du copain » ou « les nœuds » ou encore « les constructions », tandis que d'autres ont déjà une dimension géométrique.

Par exemple « le musée des solides » vise à outiller les élèves dans leur perception et leur caractérisation des solides et, petit à petit, à leur permettre d'identifier certaines de leurs propriétés géométriques.

Cet affinement de la perception peut se réaliser dans des situations de reconnaissance et dans des situations de graphisme qui feront toujours l'objet d'une verbalisation.

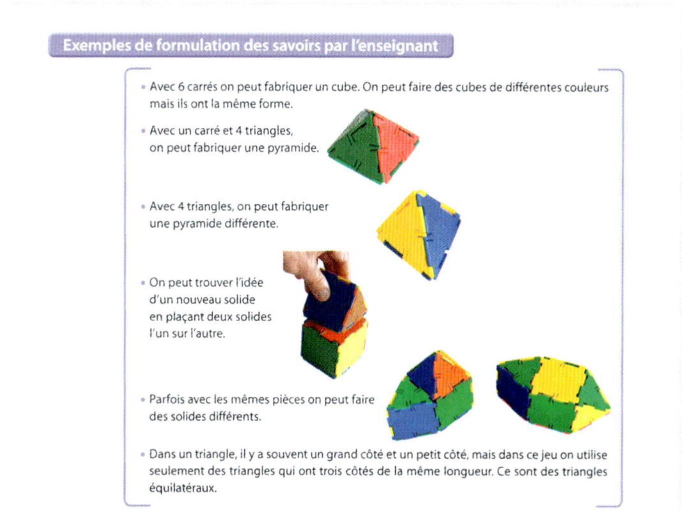

Situation 5 « le musée des solides »

---

3. Berthelot R. et Salin M.H. (1994), L'enseignement de la géométrie à l'école primaire, *Grand N* n° 53 IREM de Grenoble.
4. Id.

Dans la situation « les carrés ratés », on amène les élèves à expliquer pourquoi certaines formes ne sont pas des carrés et à découvrir ainsi les propriétés qu'un carré doit nécessairement posséder.

Dans « les dessins cachés », il s'agit de développer un autre regard sur une figure pour y voir des droites partiellement dessinées[5]. On approche ainsi le concept de droite, même s'il est trop tôt pour l'expliciter.

Les apprentissages spatiaux et géométriques ne se limitent pas à la perception des contours des formes «habituelles ». Il est aussi intéressant de travailler sur d'autres propriétés (par exemple la symétrie comme dans « les papiers pliés »), sur des formes moins habituelles (« le musée des formes plates ») ou encore sur des déplacements (« les machines »).

La géométrie est un formidable espace de recherche qu'il convient de faire découvrir dès le plus jeune âge. La plupart de nos situations mobilisent l'initiative et la curiosité des élèves, certaines étant particulièrement ouvertes, comme « les nœuds » ou « les deux feuilles ».

Les connaissances didactiques sur le spatial et le géométrique à la maternelle sont encore peu nombreuses. Notre proposition n'est donc sans doute pas complète. Elle permet cependant de dépasser les activités de classement selon la forme (carré, rond, triangle) auxquelles on se limite parfois de la PS à la GS alors que tout indique que les enfants savent distinguer ces formes dès la PS.

---

5. Cette situation se réfère aux travaux de R. Duval, M. Gaudin et M.J. Perrin-Glorian.

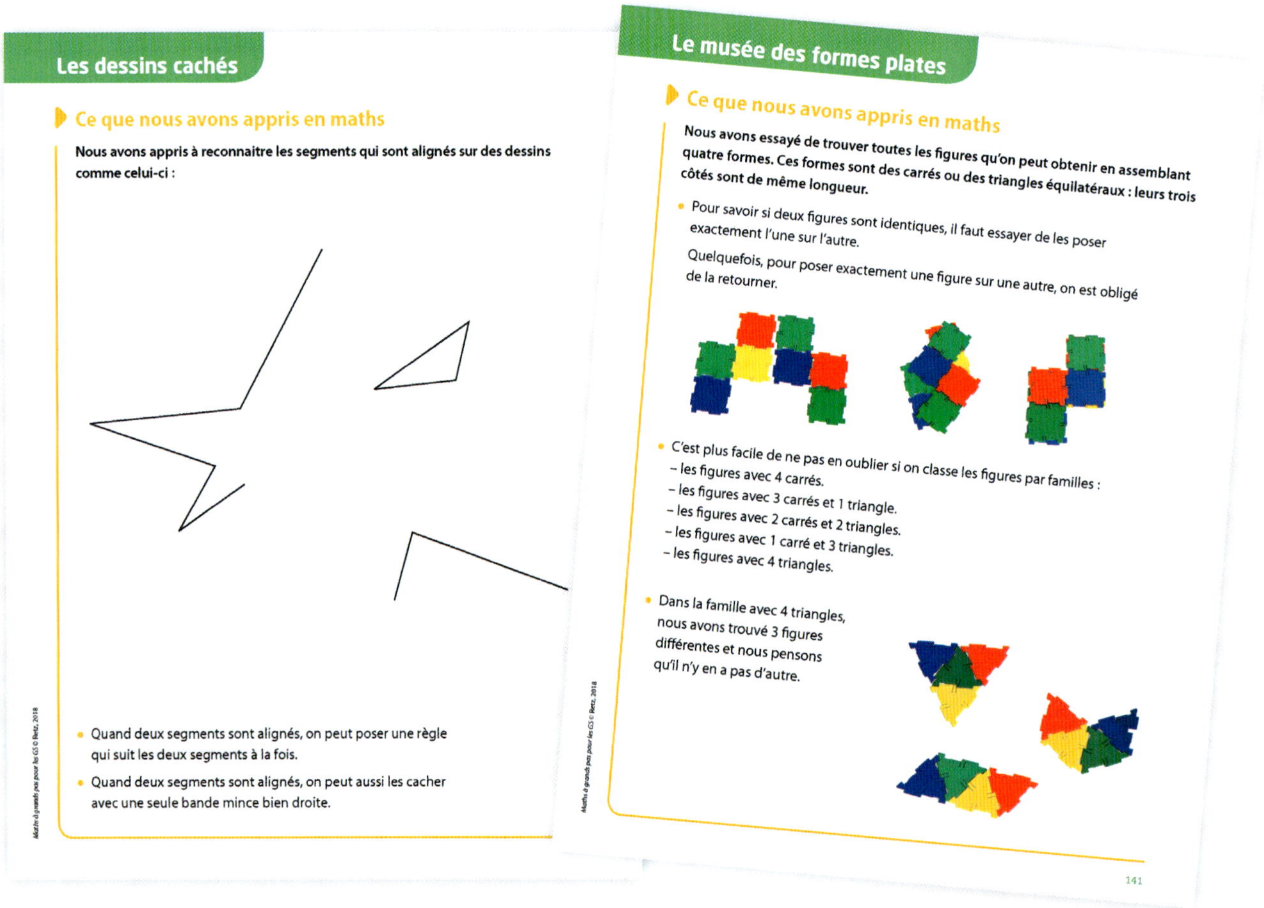

Les dessins cachés

Ce que nous avons appris en maths

Nous avons appris à reconnaitre les segments qui sont alignés sur des dessins comme celui-ci :

- Quand deux segments sont alignés, on peut poser une règle qui suit les deux segments à la fois.
- Quand deux segments sont alignés, on peut aussi les cacher avec une seule bande mince bien droite.

Le musée des formes plates

Ce que nous avons appris en maths

Nous avons essayé de trouver toutes les figures qu'on peut obtenir en assemblant quatre formes. Ces formes sont des carrés ou des triangles équilatéraux : leurs trois côtés sont de même longueur.

- Pour savoir si deux figures sont identiques, il faut essayer de les poser exactement l'une sur l'autre.
  Quelquefois, pour poser exactement une figure sur une autre, on est obligé de la retourner.
- C'est plus facile de ne pas en oublier si on classe les figures par familles :
  – les figures avec 4 carrés.
  – les figures avec 3 carrés et 1 triangle.
  – les figures avec 2 carrés et 2 triangles.
  – les figures avec 1 carré et 3 triangles.
  – les figures avec 4 triangles.
- Dans la famille avec 4 triangles, nous avons trouvé 3 figures différentes et nous pensons qu'il n'y en a pas d'autre.

141

Quelles conditions pour l'apprentissage ?

Une situation didactique – avec ses caractéristiques (matériel mis à disposition des élèves, organisation spatiale de ce matériel, consigne donnée au départ aux élèves, interventions de l'enseignant...) – détermine les conditions de **la rencontre de l'élève avec le savoir**. Or pour l'apprentissage toutes les rencontres ne se valent pas. Les travaux de Brousseau et de son équipe ont permis de modéliser les situations d'enseignement-apprentissage des mathématiques sous la forme d'une théorie – **la théorie des situations didactiques** (Brousseau, 1998) – dont nous résumons ici les principes majeurs.

Apprendre à partir d'une adaptation en situation

La théorie des situations didactiques considère, en référence aux travaux de Piaget, que pour apprendre un savoir donné il faut d'abord **se confronter à une situation problématique**, c'est-à-dire une situation que nos connaissances actuelles ne permettent pas de résoudre. C'est en cherchant à résoudre cette situation que les enfants pourront être amenés à construire des connaissances nouvelles. Mais les connaissances qui « apparaissent » dans l'action sont implicites. Elles risquent donc de ne pas être identifiées comme de nouvelles connaissances par les élèves. Ainsi, la confrontation à un problème ne suffit pas à assurer un apprentissage.

Situations d'action, de formulation, de validation

Pour permettre l'explicitation de ces connaissances et un travail de validation, la théorie des situations didactiques propose de distinguer **trois types de situation** où le savoir intervient avec un statut différent : la connaissance pour agir, la connaissance communiquée à ses pairs pour leur permettre d'agir, la connaissance soumise à la communauté pour être validée. Ainsi, Brousseau (1997, 1998) distingue les situations d'action, les situations de formulation et celles de validation.

- Les **situations d'action** sont des situations « où la connaissance du sujet se manifeste seulement par des décisions, par des actions régulières et efficaces » (Brousseau, 2002). Les situations en atelier que nous proposons débutent toutes par une phase d'action.
- Certaines situations exigent que le savoir mis en jeu soit communiqué par un élève à un autre qui en a besoin pour agir de façon pertinente par rapport à la tâche demandée par l'enseignant : ces situations correspondent aux **situations de formulation**. Dans ce cas, deux élèves ou deux groupes d'élèves sont amenés à échanger des messages (oraux ou écrits) pour produire une réponse adéquate. Par exemple, dans la situation « le message », un élève communique à l'aide d'une écriture chiffrée à un autre élève le nombre de cubes qu'il souhaite.
- Dans les **situations de validation**, les élèves « établissent ensemble la validité de la connaissance caractéristique de cette situation ». Formellement, ces situations de validation impliquent que « les protagonistes confrontent leurs avis [...] et s'accordent selon les règles du débat scientifique » (Brousseau, 2002). Évidemment, s'accorder selon les règles du débat scientifique parait démesuré en GS, mais des moments d'échanges entre le maitre et les élèves à propos de la validité d'une solution sont possibles et nécessaires en GS.

Des conditions pour permettre l'émergence des connaissances visées

L'apprentissage de savoirs mathématiques par adaptation, en classe, requiert certaines conditions qui concernent à la fois le choix du problème proposé à l'élève et la mise en œuvre de la situation.
D'abord, le problème choisi doit nécessiter l'usage de la connaissance visée pour être résolu. En effet, si l'élève peut réussir sans cette connaissance, il n'y a aucune chance qu'il la construise en situation.
Cela implique aussi qu'il prenne à sa charge la résolution du problème et non pas qu'il s'engage pour faire plaisir à l'enseignant ou se contente de reproduire des actions observées lors de la passation de consigne.
Pour cela l'enseignant doit encourager l'élève, lui donner confiance dans ses capacités à réussir et étayer son activité sans supprimer toutes les difficultés. En effet, si la tâche de l'élève ne présente plus de difficulté, il n'y a pas d'apprentissage possible.

Enfin, la **consigne doit être compréhensible** par chacun des élèves afin qu'il puisse s'engager dans la tâche, sans toutefois suggérer de procédure, par exemple à partir de « mots clés ». Cela n'est pas toujours évident, nous l'avons souvent constaté. Par exemple, pour les problèmes dont la résolution nécessite un dénombrement, on peut être tenté de demander aux élèves « Combien y a-t-il de... ? » ou bien de « prendre le bon nombre de », ce qui induit inévitablement le recours au dénombrement mais « tue » le problème. C'est une des raisons pour lesquelles nous présentons dans l'ouvrage la consigne donnée aux élèves au style direct.

Par ailleurs, la situation doit permettre à l'élève, le plus souvent, de **statuer sur sa réussite sans l'aide de l'enseignant**. Le constat d'erreur lorsqu'il est réalisé par l'élève permet de comprendre que les connaissances qu'il a mobilisées sont insuffisantes ou inadéquates. Accepter que ce qu'on a fait est faux seulement parce que l'enseignant le dit n'est pas favorable à l'apprentissage. Cependant, constater son erreur ne suffit pas à apprendre. L'enseignant doit verbaliser – ou faire verbaliser par des élèves – la réussite ou l'échec.
De plus, chaque élève doit être confronté plusieurs fois à la situation pour éprouver l'insuffisance de ses acquis, élaborer de nouvelles connaissances et enfin s'entrainer.

La validation par le matériel est indispensable au début des apprentissages, mais on cherche par la suite à la remplacer par une conviction fondée sur des connaissances stabilisées. C'est pourquoi nous proposons aussi des temps de travail collectif au tableau (voir par exemple les situations « les paniers », « le 1 rouge », « la bataille d'aimants »).

Certaines connaissances ne se prêtent pas à un apprentissage par adaptation. En particulier tout ce qui relève de la convention doit être transmis et ne peut pas être découvert (par exemple, on ne demande pas aux élèves de réinventer l'écriture chiffrée des nombres).

Nous ne sommes pas parvenus à proposer une situation respectant le critère de validation pour certains apprentissages qui pourraient a priori en relever (par exemple « la même forme »).

Entrer dans une culture de savoirs

Les connaissances que l'élève construit en situation sont contextualisées et personnelles ; leur stabilisation requiert une décontextualisation, une dépersonnalisation et une inscription culturelle, même en maternelle. C'est pourquoi l'enseignant doit **donner un statut aux connaissances construites en situation**, celui de connaissances nouvelles, mathématiques et utiles pour d'autres situations identiques : il doit les **institutionnaliser**. Les formulations des savoirs que nous proposons constituent des éléments pour cette institutionnalisation qui débute pendant le déroulement des situations et peut parfois, en GS, se poursuivre sous la forme d'un court temps de bilan collectif.

Domaine numérique

Situations

Calculines chantées

1 Rouges et bleues

Période Dès la période 1, jusqu'en fin d'année pour certaines variantes.

Organisation Travail individuel en atelier de 8 élèves environ.

Matériel Pour chaque élève :

- Réserve de briques rouges et bleues.
- 1 boite opaque avec un couvercle.

Présentation de l'activité aux élèves

1 Je prends quelques briques rouges et je les pose devant la boite.

2 J'ai caché les briques rouges dans la boite, je prends des briques bleues et je les pose devant la boite.

3 J'ai fini de choisir, je ne prends plus de nouvelle brique, je regarde si j'ai gagné. Pour ça, je fais des paires, une brique bleue sur une rouge, une bleue sur une rouge…
J'ai perdu parce qu'il reste deux briques rouges en plus, je n'ai pas pu les mettre avec une brique bleue. Pour gagner il faut faire des paires avec une rouge et une bleue en utilisant toutes les briques.

4

Je range mes briques et je recommence tout. Cette fois j'ai gagné, il y a juste une brique bleue sur chaque brique rouge.

5

Je range mes briques et je recommence une dernière fois.
Et comme ça, c'est gagné ou perdu ? *Perdu.*
Tu as raison, pour gagner il faut avoir seulement des paires, pas de brique bleue en plus ni de brique rouge en plus.

Précisions sur le matériel

- Veiller à ce qu'il n'y ait pas autant de briques de chaque couleur dans la réserve et à ce que le nombre de briques disponibles dépasse légèrement les possibilités de l'élève.
- La validation se faisant par appariement, il n'est pas nécessaire que les briques des deux couleurs soient de la même taille. On peut même jouer en appariant des choses de natures différentes : des œufs et des nids, des figurines et leurs chapeaux…

Précisions sur le déroulement

- En grande section les élèves peuvent respecter la règle selon laquelle ils ne doivent plus prendre ni remettre de briques quand ils ont choisi leurs briques bleues. Si certains élèves ont du mal à suivre cette règle, l'enseignant leur fournit une réserve avec couvercle et demande de fermer la réserve avant de valider.
- L'enseignant régule le jeu : il encourage les élèves qui utilisent très peu de briques pour être sûrs de réussir à prendre un peu plus de risques ; à l'inverse, il incite ceux qui essaient d'emblée des quantités hors de leur domaine de compétence à s'entrainer avec des quantités plus petites.

Exemples de formulation des savoirs par l'enseignant

- C'est plus difficile de réussir si on prend beaucoup de rouges pour commencer.
- Si j'ai 3 briques rouges, je dois prendre 3 briques bleues. Il faut autant de bleues que de rouges.
- Si j'ai 3 briques rouges et encore 2 briques rouges, je dois prendre 3 briques bleues et encore 2 briques bleues. Il faut autant de bleues que de rouges.
- Quand il y a autant de briques rouges que de briques bleues, si on fait des paires il ne reste pas de brique toute seule.
- Pour savoir combien j'ai de briques, je peux les compter : 1, 2, 3, 4…
- Pour savoir combien j'ai de briques, je peux aussi les placer comme sur le dé.

Prolongements et variantes

- Il est intéressant de garder pour chaque élève une trace de la collection la plus nombreuse qu'il a réussi à reproduire. Cette trace peut prendre diverses formes :
  – la collection elle-même que l'on conserve, mais la réserve de briques risque rapidement d'être insuffisante pour la classe, ce qui motive le passage à d'autres traces ;
  – une photo ;
  – un dessin, par exemple en posant les paires sur une feuille de papier et en entourant chaque paire ;
  – une écriture symbolique comme un bâton pour chaque paire ;
  – l'écriture chiffrée du nombre de paires réalisées.

- Il peut arriver qu'un élève réussisse par hasard des paires avec un nombre de briques qu'il ne maitrise pas. Avant de garder la trace d'une performance, on peut demander à l'élève de remettre les briques rouges et d'en reprendre. On peut aussi jouer avec trois couleurs et non deux (les élèves doivent alors réaliser des triplettes comportant une brique de chaque couleur), ce qui limite beaucoup la probabilité d'une réussite au hasard.

- Éloigner les briques bleues. L'élève doit se déplacer pour aller les chercher, ce qui l'oblige à mémoriser plus longtemps la quantité nécessaire.

- Le jeu peut se jouer à deux, un élève prend les briques rouges et l'autre les bleues. Il faudra alors insister sur le fait que les deux joueurs ne jouent pas l'un contre l'autre, mais qu'ils gagnent ou perdent ensemble. Chaque joueur se place de part et d'autre d'un cache pour ne pas regarder ce que fait son partenaire : seule une communication orale est possible. Bien que ce soit peu probable, des élèves peuvent réussir en disant « prends une brique, une autre, encore une… ». Dans ce cas, il est préférable de passer à la variante « La commande » de la situation 2 « La carte retournée (1) ».
  Une autre variante consiste à communiquer seulement par des papiers sur lesquels les élèves peuvent dessiner ou écrire (voir situation 13 « Le message »).

Rouges et bleues

Ce que nous avons appris en maths

Nous avons appris à prendre autant de briques bleues que de briques rouges.

- Pour cela, je cache des briques rouges dans une boite puis je prends des briques bleues. Quand je réussis, il y a autant de briques de chaque couleur et je peux mettre une brique bleue avec une brique rouge comme ceci :

- Si on prend seulement deux ou trois briques rouges, c'est facile.
- Si on prend beaucoup de briques rouges c'est difficile, il faut trouver combien on en a pris et s'en souvenir quand on prend les briques bleues.

2 La carte retournée (1)

Période Dès la période 1.

Organisation Travail individuel en atelier d'environ 8 élèves.

Matériel Pour le groupe :

- 1 lot de cartes à points (environ 10 cartes par élève).

Pour chaque élève :

- 1 boite de jetons.
- 1 pince à linge.

Présentation de l'activité aux élèves

1 Aujourd'hui, nous allons utiliser des cartes avec des points et une boite de jetons.

2 Pour jouer je choisis une carte. Je regarde bien les points de la carte[1], puis je la retourne pour cacher les points.

3 Je prends des jetons dans la boite et je les pose sur la table.

4

Quand j'ai fini de choisir mes jetons, je retourne la carte. Je n'ai plus le droit de prendre des jetons ni d'en remettre dans la boite. Je pose mes jetons sur les points. Il y a juste un jeton sur chaque point de la carte, j'ai réussi.

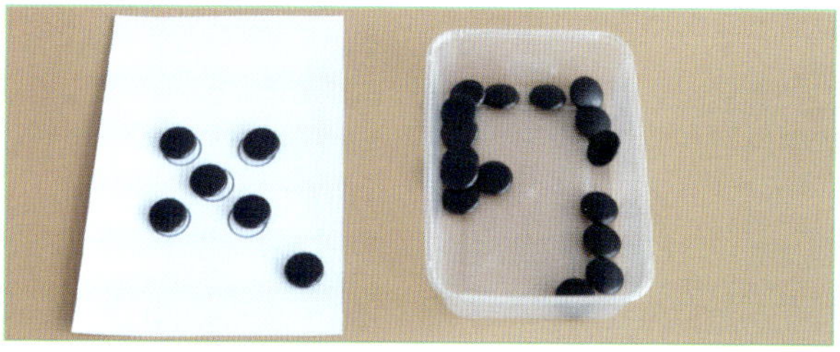

5

Si j'avais pris un jeton de plus comme ça, il y aurait trop de jetons : quand un jeton n'a pas de place sur un point, je n'ai pas réussi.

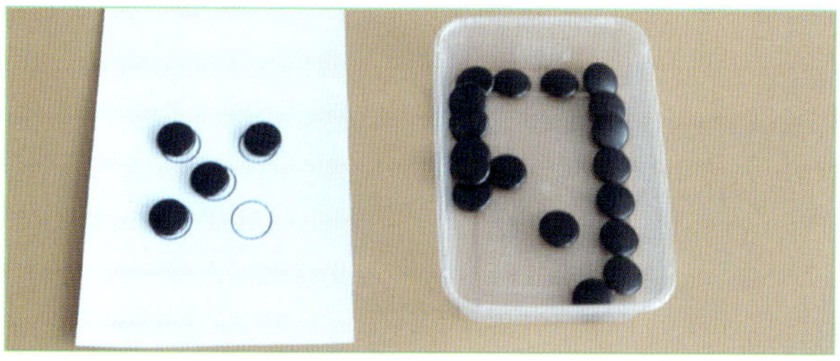

6

Si j'avais pris un jeton de moins comme ça, il manquerait un jeton : quand il n'y a pas de jeton sur un point, je n'ai pas réussi.

7

J'accroche toutes les cartes que je réussis avec la pince à linge. Celles que je ne réussis pas, je les remets avec les autres.

Précisions sur le matériel[1]

Un grand nombre de cartes sont laissées à disposition des joueurs qui choisissent celles qu'ils vont essayer. On proposera simultanément des cartes où les points sont disposés en constellation, des cartes où ils sont disposés en ligne facilitant le comptage et d'autres où les points ne sont pas organisés.

Précisions sur le déroulement

- Cette situation est particulièrement utile aux élèves pour lesquels la notion « autant que » est encore difficile. Pendant la présentation, l'enseignant n'utilise pas de termes induisant le dénombrement (« combien », « compter », « autant que »…). Quand le déroulement est bien compris, si certains élèves ne pensent pas par eux-mêmes à dénombrer après plusieurs essais, il est temps de le leur suggérer. Ils peuvent alors comprendre que dénombrer leur permettra de réussir et ils ne dénombrent pas seulement pour répondre à l'injonction de l'enseignant.

- Le plus souvent possible, quand un élève a fini de prendre ses jetons et avant qu'il retourne sa carte, l'enseignant lui demandera s'il est sûr de lui. Cette question permet à l'élève de comprendre qu'il ne faut pas agir au hasard et donne l'occasion de premières justifications.

- En observant ses élèves, l'enseignant obtiendra de nombreux renseignements utiles :
  – Pour quels nombres de points un élève réussit-il facilement ?
  – L'élève reproduit-il la forme des constellations ?
  – Compte-t-il de un en un les points même pour des configurations habituelles ?

1. La tâche proposée aux élèves est exactement la même que dans la situation 11 « Juste assez » proposée dans l'ouvrage pour les PS-MS. La version pour les GS fait l'économie de la boite à deux compartiments qui, pour les élèves plus jeunes, empêche de voir les points de la carte quand on prend les jetons. L'énoncé de la règle est généralement suffisant en GS.

- Ces observations guideront les interventions de l'enseignant et l'organisation des séances suivantes :
  – Si plusieurs élèves réussissent toujours les quantités inférieures à 6 mais se trompent parfois sur les quantités comprises entre 6 et 10, il peut être intéressant de les faire travailler ensemble sur un échantillon de valeurs allant de 5 à 10.
  – Si certains élèves n'utilisent pas la reconnaissance de la constellation de 5 points mais comptent systématiquement de un en un ou procèdent par correspondance points-doigts puis doigts-jetons, leur faire remarquer qu'on retrouve cette configuration sur beaucoup de cartes et que reconnaitre 5 permet d'aller plus vite.

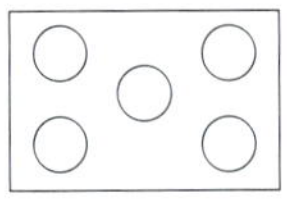

  – Si d'autres élèves n'utilisent que les cartes comportant des constellations, leur proposer un échantillon de cartes sans constellations évidentes.

Exemples de formulation des savoirs par l'enseignant

- Sur cette carte il y a 5 points, pour gagner il faut prendre 5 jetons.
- Sur cette carte il y a 4 points ici et encore 1 point là, pour gagner je vais prendre 4 jetons et encore 1 jeton.
- 4 jetons et encore 1 jeton, c'est 5 jetons.
- Quand les points sont placés comme sur le dé, on sait combien il y en a sans compter.
- Quand les points forment une ligne, c'est plus facile de compter.
- Pour gagner, il faut prendre autant de jetons qu'il y a de points sur la carte.

Prolongements et variantes

- Comme beaucoup d'autres situations, celle-ci peut être prolongée au tableau : une carte est affichée au tableau, un élève explique ce qu'il pense faire pour gagner. Les autres élèves peuvent donner leur avis, puis la carte est retournée. Pour finir, l'élève qui a expliqué sa procédure prend des aimants et les place sur la carte pour valider.

- Les prolongements suivants empêchent de reproduire la disposition des points sans référence au nombre.
  – **La commande.** Deux élèves face à face sont séparés par un cache. L'un dispose de la boite avec les jetons, l'autre choisit une carte, la retourne puis demande à son partenaire le nombre de jetons dont il a besoin. Les jetons sont donnés en une seule fois, dans une barquette mais l'enseignant accepte les commandes sous forme de décomposition : « je veux 3 jetons et encore 2 jetons ». Retourner la carte avant de passer sa commande interdit la procédure consistant à demander « un jeton, encore un, encore un… » en pointant avec le doigt les points de la carte. Plus tard dans l'année, les commandes peuvent être passées par écrit.

  – **La pince à sucre.** Au lieu d'être retournée, la carte choisie est placée dans une boite à chaussures fermée dont le couvercle est percé d'un trou juste suffisant pour laisser passer un des objets destinés à être placés sur la carte. Les objets doivent être pris un à un dans la réserve et placés aussitôt dans la boite à chaussures à l'aide d'une pince à sucre. Dans cette variante, la procédure consistant à reproduire la configuration existant sur la carte est rendue impossible, seul le dénombrement par comptage des objets un à un reste possible. Il est intéressant d'utiliser cette variante avec des cartes mettant en évidence des configurations connues afin de confirmer que le six qu'on reconnait (deux groupes de trois) est le même que celui qu'on obtient en comptant 1, 2, 3, 4, 5, 6. Il est préférable de remplacer les jetons par des objets plus épais (brique Lego par exemple), plus faciles à saisir à l'aide de la pince.

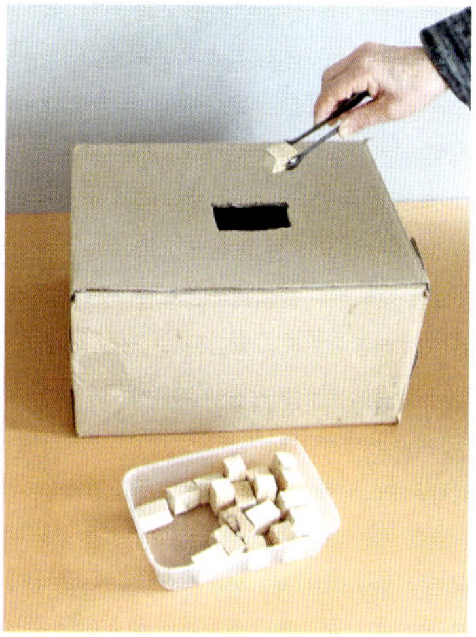

La carte retournée (1)

Ce que nous avons appris en maths

Nous avons appris à prendre autant de jetons qu'il y a de points sur une carte.

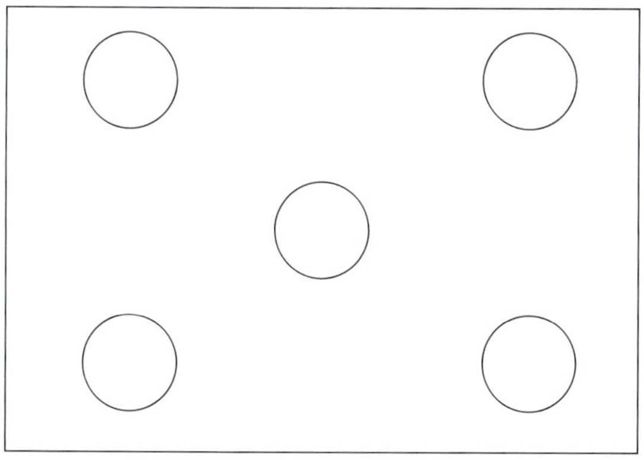

- Sur cette carte, on voit tout de suite qu'il y a 5 points, comme sur le dé 5. Il faut prendre 5 jetons.

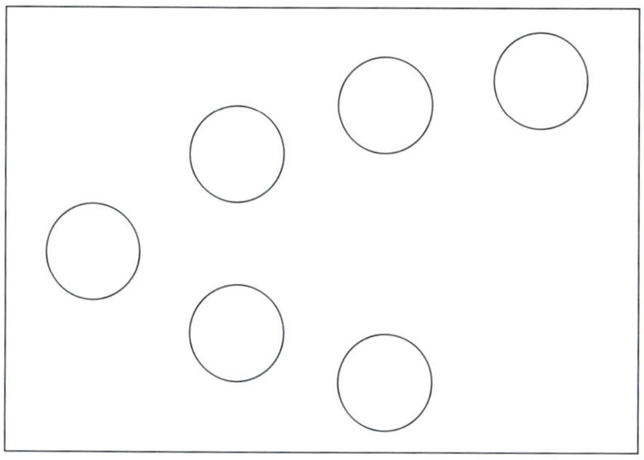

- Pour cette carte, on ne voit pas tout de suite combien il y a de points, il faut les compter : 1, 2, 3, 4, 5, 6. Il y a 6 points, il faut prendre 6 jetons.

3 Combien sommes-nous ?

Période Dès la période 1.

Organisation Classe entière.

Matériel Pour le groupe :

- Autant de marques (ronds, carrés, étoiles, triangles…) tracées au sol que d'élèves de la classe. Pour une classe de 28 élèves, on utilisera trois types de marques : 10 de deux catégories et 8 de la troisième.

Présentation de l'activité aux élèves

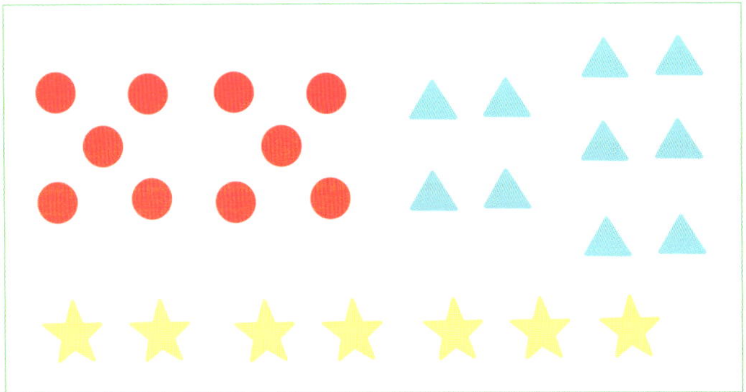

1

Regardez, j'ai mis sur le sol des marques, il y a 10 ronds, 10 triangles et 7 étoiles. Célia, Tristan, Yasmine et Gaspard, vous voulez bien vérifier que je n'ai pas fait d'erreur, qu'il y a bien 10 ronds, 10 triangles et 7 étoiles ?

2

Nous allons utiliser ces marques pour savoir combien il y a d'enfants aujourd'hui dans la classe.
Je vais vous demander de vous mettre en file… voilà.

3

Agathe, puisque tu es au début de la file, tu vas te placer sur une des marques, celle que tu veux… sauf les étoiles.
Agathe a choisi un triangle, alors les suivants vous faites comme elle, vous allez vous placer sur un triangle, jusqu'à ce qu'ils soient tous occupés.

4

Il n'y a plus de places sur les triangles, alors 10 enfants sont placés. Maintenant Benjamin à toi de choisir une place.
Je vais sur un rond.
Et nous aussi on va sur les ronds…
Exactement. Il n'y a plus de place sur les ronds, 20 enfants sont placés : 10 enfants sur les triangles et 10 enfants sur les ronds. 10 enfants et encore 10 enfants, c'est 20 enfants.

5

Voilà, vous êtes tous placés, il y avait 20 enfants sur les ronds et les triangles, il y a 5 enfants sur les étoiles, 20 enfants et 5 enfants, c'est 25 enfants, aujourd'hui vous êtes 25 dans la classe.
Je l'écris : 25.

Précisions sur le matériel

- Nous avons décrit ce rituel avec des marques permanentes au sol. Le déroulement de l'activité est alors plus rapide puisqu'on n'a pas besoin de vérifier chaque jour qu'il y a bien 10 marques de chaque type.
- Les groupes de 10 marques seront de préférence formés de 2 constellations du dé 5 ou d'une constellation de 6 et une de 4.
- On peut préférer utiliser des objets que l'on place au sol avant que les enfants ne se répartissent. C'est un peu plus long, mais chaque jour quelques élèves ont ainsi l'occasion de dénombrer des collections de 10 objets.

Précisions sur le déroulement

- Après quelques jours, il n'est plus nécessaire de rappeler les règles : les enfants ont compris qu'ils se placent sur tous les triangles avant d'utiliser d'autres marques (on complète un type de marque avant d'en choisir une autre).
- La situation et les formulations utilisées étant rituelles, au bout d'un certain temps les enfants énonceront avec l'enseignant les descriptions : « il y a 10 enfants sur les étoiles et 10 enfants sur les carrés, 20 enfants sont placés ».
- Afin que le déroulement soit rapide et que les énoncés entendus soient toujours corrects, on ne questionnera pas les élèves individuellement pendant la plus grande partie de l'année. En fin d'année seulement, on peut proposer aux élèves volontaires le défi de remplacer l'enseignant pour les descriptions ou pour écrire le nombre de présents.

Exemples de formulation des savoirs par l'enseignant

- 20 enfants, c'est 10 enfants et encore 10 enfants. 20 c'est 10 et encore 10.
- 30 enfants, c'est 10 enfants, 10 enfants et encore 10 enfants.
- 30 enfants, c'est 3 fois 10 enfants, une fois pour les ronds, une deuxième fois pour les étoiles, et une troisième fois pour les carrés.
- 30 enfants, c'est 20 enfants et encore 10 enfants.
- 30 enfants et encore 4 enfants c'est 34 enfants, 30 et 4, c'est 34.
- C'est beaucoup plus facile de dire combien nous sommes si on fait des groupes de 10 enfants.

En fin d'année, quand la situation est très familière, l'enseignant peut traduire par écrit au tableau certaines des formulations précédentes :

- Quand on dit « 10 et encore 10, c'est 20 », on l'écrit comme ça : 10 + 10 = 20.
  Pour lire ces écritures symboliques, l'enseignant utilisera des formulations variées. Par exemple : pour 20 + 10 = 30, il pourra dire : « 20 et encore 10, c'est 30 » ; « 20 et 10, c'est comme 30 » ou « 20 plus 10 égale 30 ».

Prolongements et variantes

Les emplacements non occupés correspondent aux absents. Faire comparer le nombre ainsi trouvé au nombre des étiquettes ou autres objets représentant les absents.

Ce que nous avons appris en maths

Nous avons appris à trouver combien il y a d'enfants dans la classe en nous rangeant par dix sur des marques au sol.

- dix enfants et encore dix enfants, c'est vingt enfants.
- vingt enfants et encore cinq enfants, c'est vingt-cinq enfants.

S'il y a plus de trente enfants dans la classe, nous avons aussi appris :

- vingt enfants et encore dix enfants, c'est trente enfants.
- dix enfants, dix enfants et encore dix enfants, c'est trente enfants.
- trente enfants et encore deux enfants, c'est trente-deux enfants.

4 Le rangement rapide

Période À partir de la période 1.

Organisation En binôme.

Matériel Pour chaque binôme :

- 3 enveloppes portant chacune une étiquette chiffrée et une constellation du nombre de points correspondant.
- 12 cartes, 4 pour chaque nombre de 4 à 6 (en prévoir plus pour la suite).
- 1 sablier.

Présentation de l'activité aux élèves

1

Aujourd'hui, nous allons travailler avec ces enveloppes et ce sablier.

2

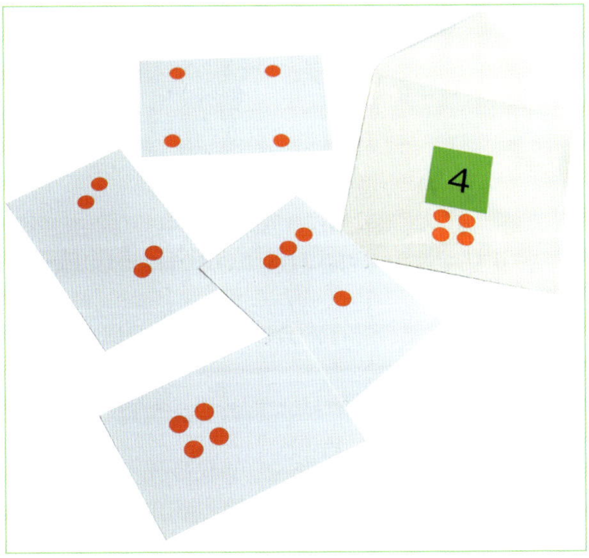

Dans l'enveloppe sur laquelle est écrit 4, il n'y a que des cartes avec 4 points, je les sors.

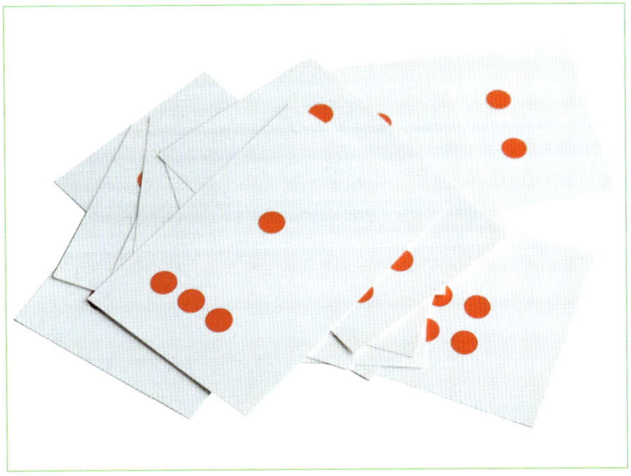

3

Dans l'enveloppe sur laquelle est écrit 5, il n'y a que des cartes avec 5 points, je les sors.
Dans l'enveloppe sur laquelle est écrit 6, il n'y a que des cartes avec 6 points, je les sors.
Je mélange toutes les cartes.

4

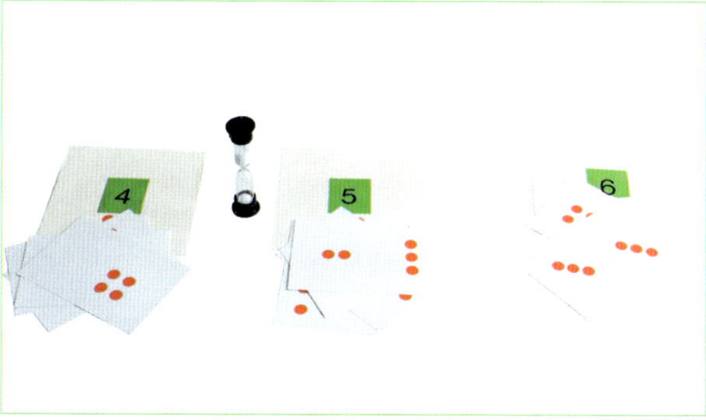

Le travail d'aujourd'hui est un peu spécial parce qu'il va falloir le faire vite.
Avant de commencer, je retourne le sablier. Pendant que le sable s'écoule, je mets les cartes sur les enveloppes : cette carte avec 4 points sur l'enveloppe « 4 », cette carte avec 5 points sur l'enveloppe « 5 », cette carte avec 6 points sur l'enveloppe « 6 ».

5

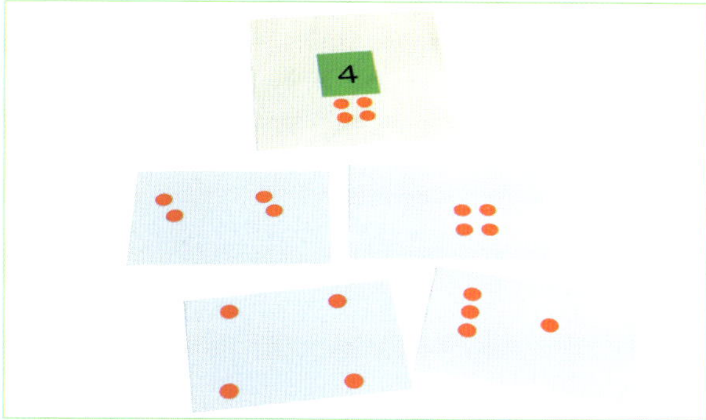

J'ai fini avant que tout le sable soit écoulé, mais je n'ai peut-être pas gagné. En essayant d'aller trop vite, on se trompe parfois. Pour savoir si j'ai gagné, je regarde si j'ai mis les cartes sur les bonnes enveloppes.
Commençons par l'enveloppe « 4 », qu'en penses-tu Lionel, est-ce que les cartes ont bien 4 points ?

Précisions sur le matériel

- On veillera à utiliser un sablier dont l'écoulement est assez court, par exemple une minute.
- Le nombre de cartes présentes au départ est assez faible, par exemple 4 cartes pour chacun des trois nombres proposés. Si les élèves réussissent très facilement, on ajoute à chaque nouvel essai une ou deux cartes jusqu'à atteindre un nombre de cartes qui rend la tâche difficile mais possible.
- On utilise deux catégories de cartes :
  – des constellations du dé :

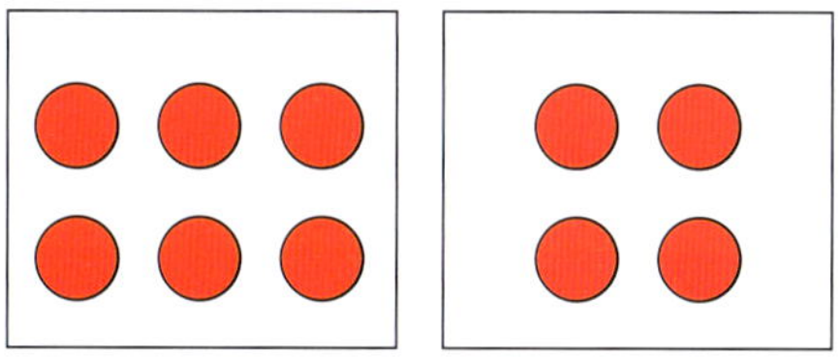

  – des décompositions en deux quantités facilement reconnaissables :

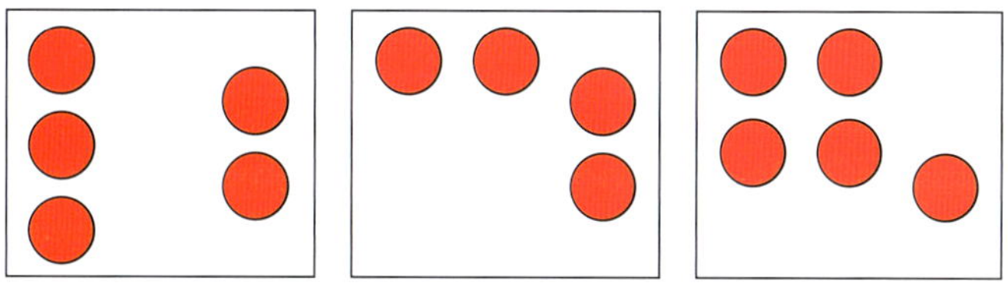

En effet, des cartes portant des configurations de points non organisées ou en ligne inciteraient les élèves à essayer de compter le plus vite possible. Or le but n'est pas d'améliorer l'efficacité du comptage, la contrainte de vitesse est un artifice pour inciter à abandonner le comptage.

Précisions sur le déroulement

- La contrainte de temps imposée par le sablier peut engendrer un certain stress, c'est pourquoi nous proposons de n'utiliser cette situation que si certains élèves comptent systématiquement de un en un pour dénombrer une collection.
- Les élèves travaillent par binôme : un élève effectue le rangement et l'autre vérifie, puis on change les rôles.
- Pendant la vérification, on n'interdira pas aux élèves de compter.
  Néanmoins si un élève compte les points un par un pour décider que cette carte en comporte cinq, l'enseignant lui proposera immédiatement de chercher s'il y a d'autres cartes avec 3 points et encore 2 points : elles ont aussi 5 points, ce n'est pas la peine de les compter. Cette procédure peut être réutilisée par l'élève quand il doit à nouveau effectuer un rangement.

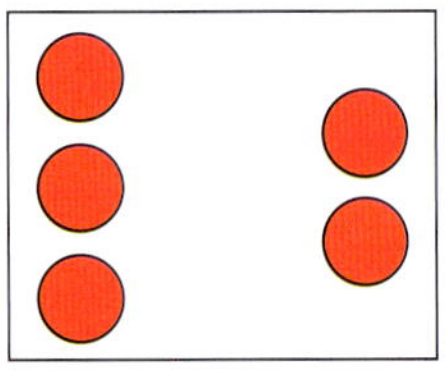

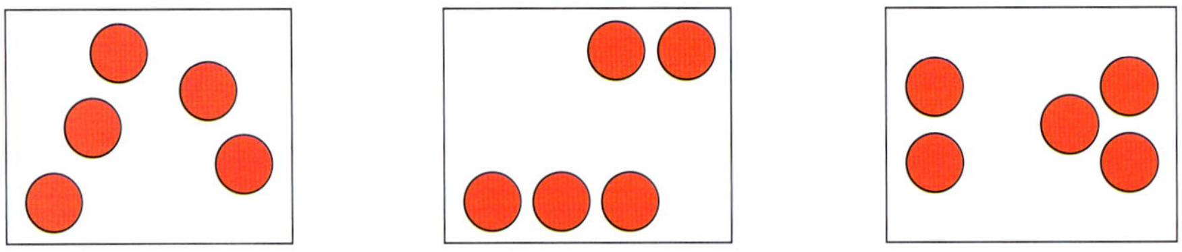

Exemples de formulation des savoirs par l'enseignant

- Quand il faut aller vite, on n'a pas le temps de compter les points un par un.
- C'est plus facile de reconnaitre une carte avec 4 points quand ils sont placés comme sur le dé.
- 2 points ici et 2 points là, c'est 4 points.
- 2 points et encore 2 points, c'est toujours 4 points.
- 2 et encore 2, c'est 4.
- 3 points ici et 1 là, c'est aussi 4 points.
- 3 points ici et 2 là, c'est 5 points.

Prolongements et variantes

- Le musée du 5.

Il s'agit d'inventer le plus possible de façons de placer 5 gommettes sur une fiche.

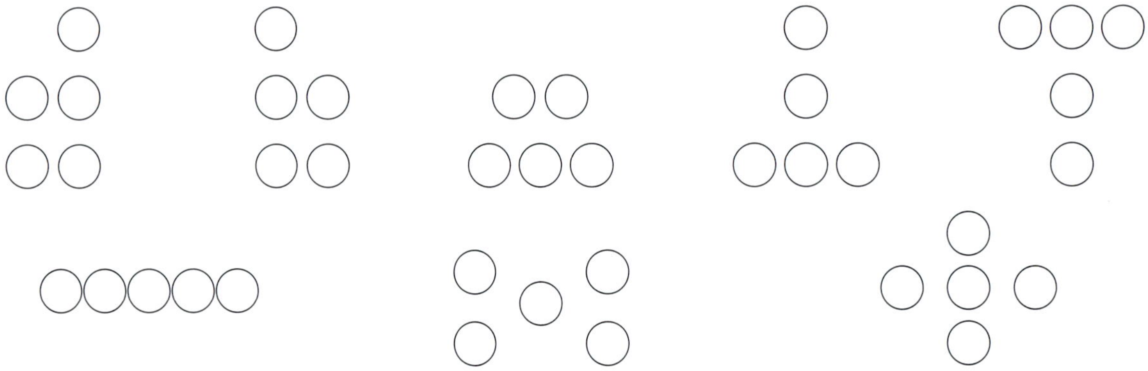

Avec des gommettes de couleurs différentes, cette recherche permet de mettre en évidence certaines décompositions qui aident à voir très vite qu'il y a bien 5 gommettes.

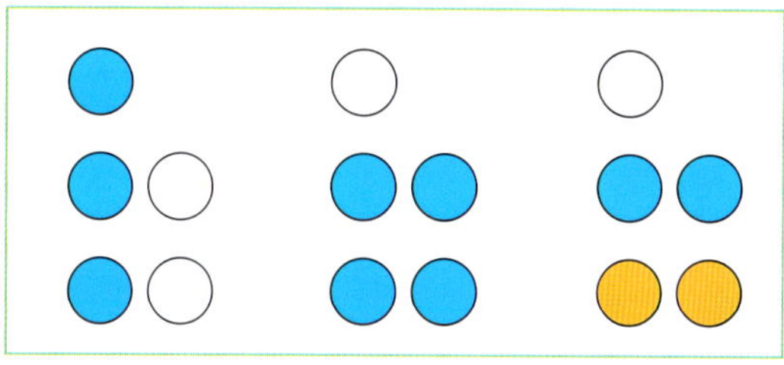

La recherche peut également déboucher sur des considérations géométriques : doit-on considérer que ces dispositions sont identiques ?

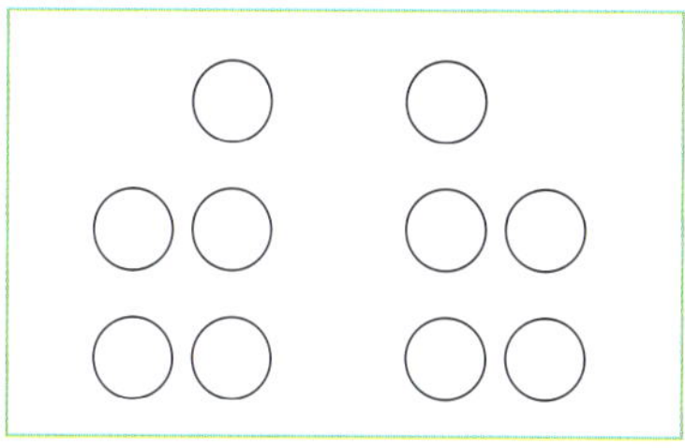

L'enseignant laissera ses élèves décider si l'on garde les deux dispositions ci-dessus. Il montre qu'en retournant une des feuilles et en regardant par transparence, on obtient l'autre. Dans d'autres cas, il suffit de déplacer une des feuilles sans la retourner.

Le rangement rapide

Ce que nous avons appris en maths

Nous avons appris à reconnaitre très vite s'il y a 4, 5 ou 6 points sur des cartes comme celles-ci :

- Pour aller vite, on n'a pas le temps de compter les points un par un.

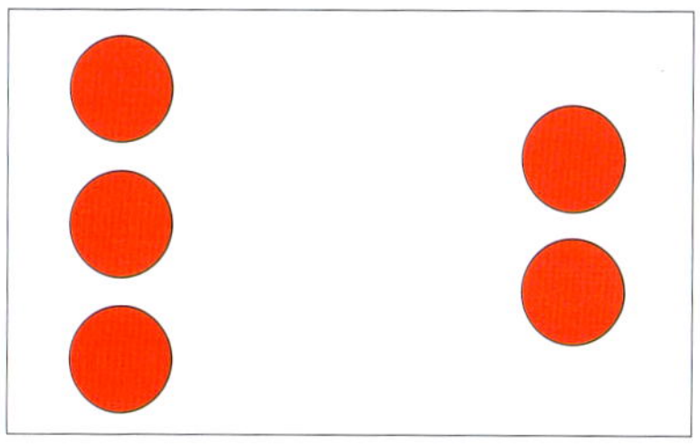

- Pour certaines cartes, c'est facile parce que les points sont placés comme sur un dé.

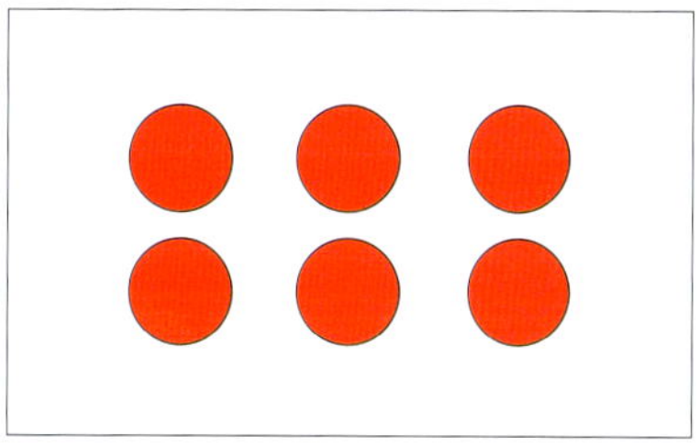

- Pour d'autres cartes, il faut savoir que 2 et encore 2 c'est 4 ou que 3 et encore 2 c'est 5.

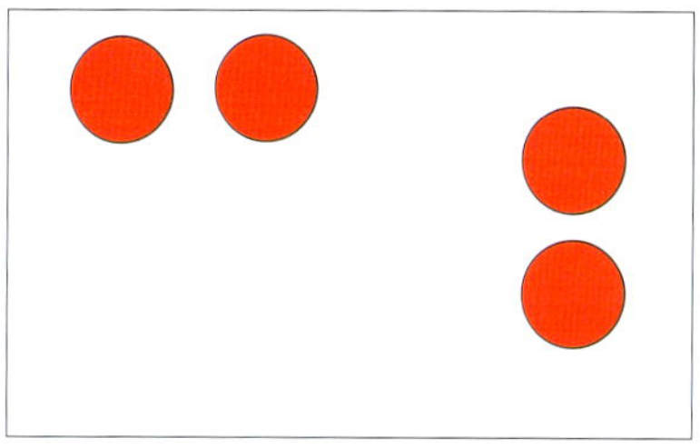

5 La chanson des nombres

Période Dès la période 1.

Organisation Rituel en regroupement.

Présentation de l'activité aux élèves

Aujourd'hui, nous allons dire la chanson des nombres de huit jusqu'à quinze. Je dis et vous répétez.

Quinze…
Quinze.

Quatorze, quinze…
Quatorze, quinze.

Treize, quatorze, quinze…
Treize, quatorze, quinze.

Douze, treize, quatorze, quinze…
Douze, treize, quatorze, quinze.
…
…
…
Huit, neuf, dix, onze, douze, treize, quatorze, quinze…
Huit, neuf, dix, onze, douze, treize, quatorze, quinze.

Précisions sur le déroulement

- Cette façon de présenter la suite des nombres permet de faire entendre en premier et plusieurs fois la fin de la partie étudiée. L'attention se porte donc plus facilement sur la partie encore la moins bien connue.

- Ce moment de répétition peut être quotidien sans que cela soit trop pénible s'il est bref. L'exemple proposé ci-contre dure moins de deux minutes. Si l'enseignant juge que c'est trop long pour que l'attention des élèves se maintienne jusqu'au bout, il peut travailler des extraits plus courts, par exemple de 16 à 21, de 20 à 25 ou de 24 à 30.

- Jusqu'à 17, il n'y a aucune régularité dans le texte à apprendre qui puisse favoriser la mémorisation. Il sera probablement nécessaire de revenir très souvent sur des extraits comme 8, 9, 10, 11, 12, 13, 14 ou 11, 12, 13, 14, 15, 16, 17.
  On fera remarquer aux enfants, s'ils ne le remarquent pas par eux-mêmes, qu'après dix-sept il y a dix-huit et dix-neuf de la même façon qu'après sept, il y a huit puis neuf.
  La régularité après vingt (à l'exception du « et » de vingt-et-un) sera aussi mise en évidence. En revanche, rien ne permet de prévoir « vingt » après « dix-neuf » ou « trente » après « vingt-neuf », en fin d'année on proposera donc souvent des extraits se terminant à vingt ou à trente.

- Le travail proposé ici permet seulement de mémoriser un texte oral dont le sens sera travaillé à d'autres occasions.
  Par exemple, la calculine « L'omelette » p. 93 insiste sur le fait que « dix-sept » signifie « dix et encore sept ». On l'entend, mais cela ne va pas de soi, il faut le faire remarquer : « chou-fleur » ne désigne pas la réunion d'un chou et d'une fleur.

- Dans la situation 3 « Combien sommes-nous ? », on met en évidence que vingt-trois c'est vingt et encore trois, décomposition que l'oral aide à retenir mais aussi que vingt c'est dix et encore dix pour laquelle l'oral n'est d'aucune aide.

- Quand une partie nouvelle de la comptine est devenue familière, l'enseignant fera dire la comptine complète à partir de un, mais cela doit rester peu fréquent pour conserver un rituel bref.

- Le travail proposé ici ne permet pas à l'enseignant d'évaluer la connaissance de la comptine qu'a un élève.

- La fiche proposée comme trace pour les parents (voir page suivante) est mise à jour au fur et à mesure des progrès de l'élève en coloriant en vert la zone connue. Pour évaluer ces progrès, l'enseignant demande (en dehors du temps de regroupement) à un élève de réciter plusieurs fois la comptine en partant de un et observe jusqu'où elle est dite à chaque fois sans erreur.

La chanson des nombres

Ce que nous avons appris en maths

Nous avons appris la chanson des nombres : 1, 2, 3, 4, 5, 6, 7, 8, 9…

Votre enfant ....

sait dire sans aide toute la partie coloriée en vert.

1 2 3 4 5 6 7 8 9 10 11 12 13 14 15 16 17 18 19 20 21 22 23 24 25 26 27 28 29 30

6 La carte retournée (2)

Période À partir de la période 2.

Organisation Travail individuel en atelier de 8 élèves environ.

Matériel Pour chaque élève :
- Une vingtaine de cartes à points.
- Jeu d'étiquettes-nombres de 1 à 10.

Présentation de l'activité aux élèves

1

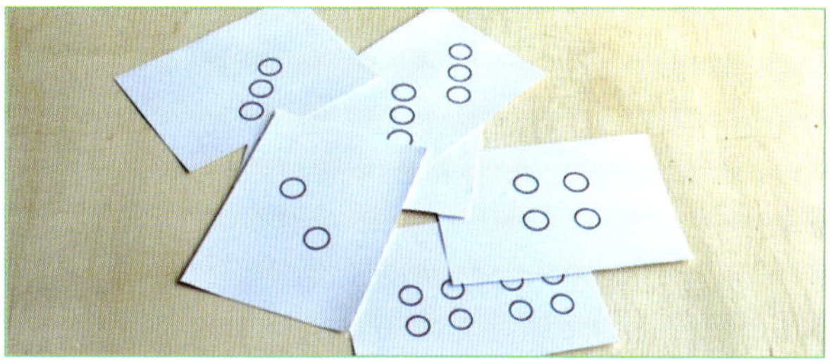

Aujourd'hui, nous aurons besoin de cartes comme celles-ci.

2

Sur cette carte il y a 3 points, de l'autre côté il est écrit 3.
Sur celle-ci, il y a seulement 1 point, de l'autre côté il est écrit 1. Etc.

3

Il vous faudra aussi chacun un jeu d'étiquettes avec les nombres écrits dessus.

4

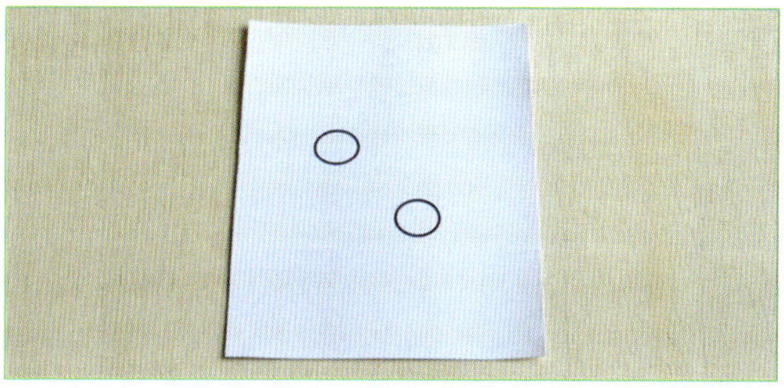

Je joue une fois pour vous montrer ce qu'il faut faire. Je prends une carte à points.

5

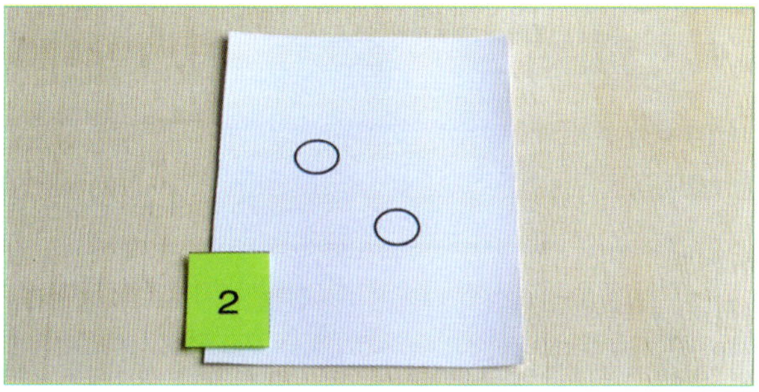

Sur cette carte il y a 2 points, je choisis l'étiquette sur laquelle il est écrit 2.

6

Pour vérifier que j'ai choisi le bon nombre, je retourne la carte à points.
Le même nombre est écrit sur la carte et sur l'étiquette, j'ai réussi.

Précisions sur le matériel

- Il est préférable que les étiquettes-nombres soient imprimées sur du papier de couleur pour éviter que les élèves mélangent leurs collections.
- Les nombres de points seront choisis en fonction des capacités des élèves : un enfant peut travailler avec des cartes comportant de 6 à 10 points pendant que son voisin utilise des cartes de 1 à 4 points. Dans tous les cas, on fournira tout de même les étiquettes-nombres de 1 à 10.

Précisions sur le déroulement

- Pour réussir, il faut dénombrer une quantité et reconnaitre son écriture chiffrée. La reconnaissance de l'écriture chiffrée est la connaissance nouvelle en jeu. On ne proposera donc aux élèves que des quantités qu'ils savent dénombrer, présentées sous forme de constellation pour que le dénombrement soit immédiat.
- Une fois la règle du jeu comprise, chaque séance débute par un temps d'observation des écritures chiffrées avec l'enseignant.

Exemples de formulation des savoirs par l'enseignant

- Le 6 et le 9 sont presque pareils, mais le 6 à la tête en bas et le 9 la tête en haut.
- Le 4 ressemble à une chaise.
- Le 8 ressemble à un bonhomme de neige.
- Le 3 ressemble à un 8 raté, il n'est pas bien fermé.

Note : Ces connaissances sont provisoires, destinées à être oubliées quand la reconnaissance des chiffres devient automatique. Toute description proposée par un élève est pertinente si elle aide à mémoriser : « si on couche le 8, ça fait des lunettes », « si on couche le 3, ça fait Macdo ».

- Pour écrire 10, il faut deux chiffres : le chiffre 1 et le chiffre 0[1].

Si on prolonge la situation au-delà de 10 :

- Pour écrire 10, 11, 12 et les nombres qui suivent il faut deux chiffres à chaque fois.

Prolongements et variantes

- Augmenter la valeur des nombres.
- En utilisant des cartes avec seulement la face à points et des étiquettes comportant les écritures chiffrées, on peut faire jouer les élèves en binômes. Seul l'élève A voit la carte, il passe commande à B en lui donnant une étiquette chiffrée. B prend le nombre d'objets (petits cubes ou autres) indiqués par l'étiquette. A et B ont réussi conjointement s'ils peuvent poser exactement un objet fourni par B sur chacun des points de la carte choisie par A.

1. Comme nous n'utilisons pas le nombre zéro, le chiffre 0 n'est introduit que comme élément graphique permettant d'écrire 10.

La carte retournée (2)

Ce que nous avons appris en maths

Nous avons appris à lire les nombres écrits avec des chiffres.

Votre enfant ....

peut vous montrer les nombres qu'il sait reconnaitre.

5 2 9 8

11 3 7

6 12

1 4 10

7

L'escargot caché

Période À partir de la période 2.

Organisation Atelier dirigé de 8 élèves environ.

Matériel
- Environ 15 cartes placées en ligne.
- Deux disques en carton de couleurs différentes placés à chaque extrémité de la ligne.
- 1 carte escargot.

Présentation de l'activité aux élèves

1

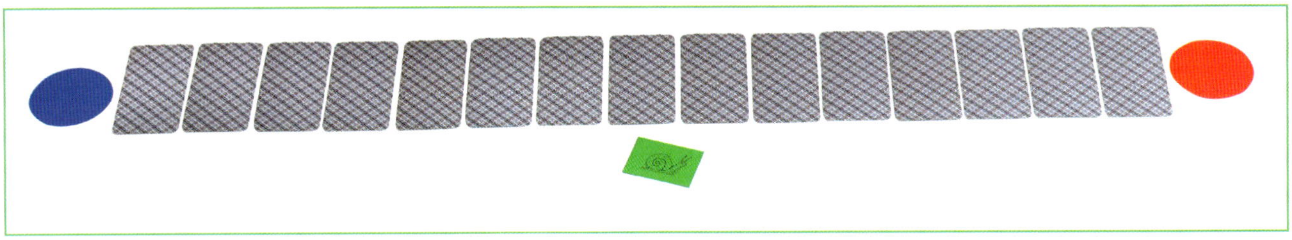

Je vais cacher cet escargot sous une des cartes et l'un d'entre vous devra le retrouver. Jessica, tu veux bien commencer ? *Oui*

2

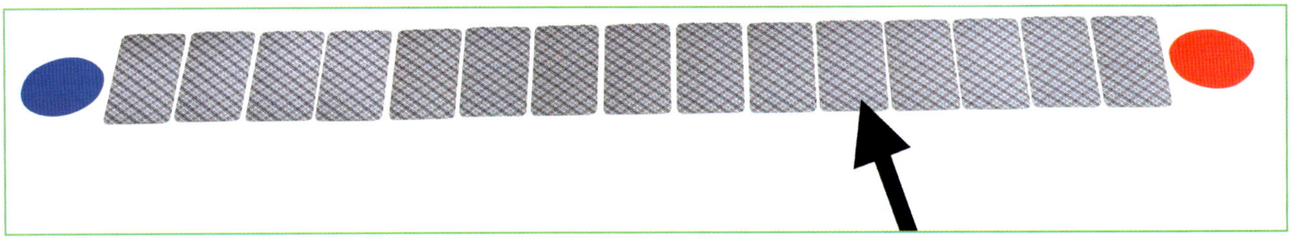

Alors Jessica tu fermes bien les yeux pendant que je cache l'escargot. C'est fait. Jessica, tu peux retourner une seule carte, mais les autres peuvent t'aider.
Ludo, tu veux aider Jessica ? *C'est facile, j'ai bien regardé, l'escargot il est là.*

3

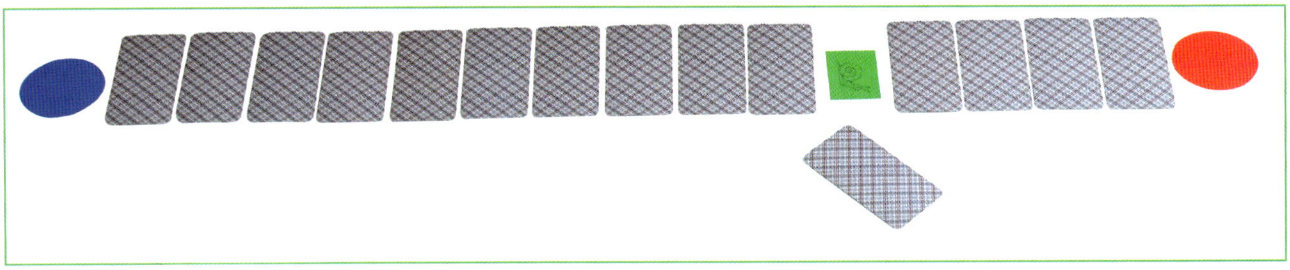

Très bien ! Maintenant Ayoub va chercher l'escargot, mais ce sera plus difficile. Pour l'aider, vous n'avez plus le droit de montrer la carte comme Ludo vient de le faire, vous pourrez seulement expliquer où est l'escargot en parlant.

Précisions sur le matériel

- Le point de couleur présent à chaque extrémité de la bande permet de préciser l'origine du comptage : *l'escargot est sous le quatrième carton en partant du point bleu*.
- Pour éviter des formulations du type « c'est la carte qui dépasse » ou « c'est la carte qui est penchée », les cartes peuvent être fixées à l'aide d'un adhésif par l'un de leurs côtés. Elles peuvent ainsi être retournées mais restent alignées.

Précisions sur le déroulement

- Lors de l'introduction de l'activité, on peut placer comme dans notre exemple l'escargot dans une position centrale difficile à décrire : comme il est probable que l'enfant montre la carte sous laquelle l'escargot a été caché, ce n'est pas difficile.
  En revanche, dès que la consigne est donnée intégralement, on place l'escargot près d'une des extrémités de la bande, ce qui permettra des formulations n'utilisant pas encore les nombres : « l'escargot est sous la carte juste à côté du point rouge », « il est tout près du point bleu, mais pas sous la carte qui touche le point, celle d'après ».
- Au fil des essais, l'enseignant éloigne progressivement l'escargot des extrémités de la bande. Si les élèves ne pensent pas à utiliser des formulations numériques, il prend le rôle de celui qui explique et les introduit lui-même.

Exemples de formulation des savoirs par l'enseignant

- Tu comptes les cartes en partant du point rouge, quand tu arrives à 5 c'est la bonne carte.
- L'escargot est sous la carte numéro 5 en partant du point rouge.
- L'escargot est sous la cinquième carte en partant du point rouge.

Ce que nous avons appris en maths

Nous avons appris à expliquer sous quelle carte est caché l'escargot, sans la montrer.

Pour réussir nous avons compté les cartes. On peut dire :

- L'escargot est sous la cinquième carte en partant du point rouge.

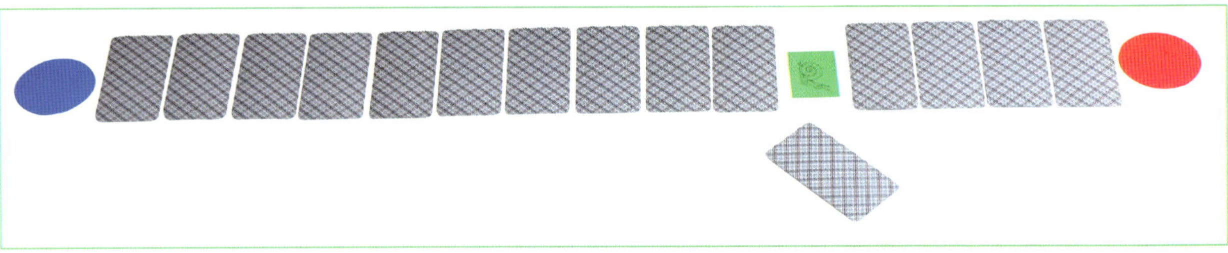

- L'escargot est sous la carte numéro 6 en partant du point bleu.

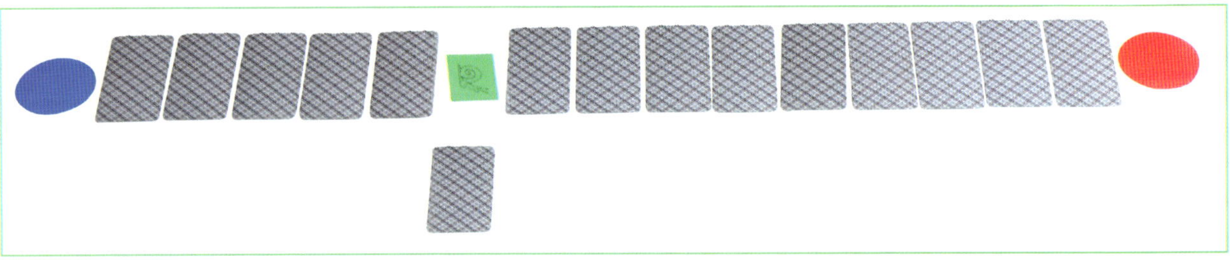

8 Les paniers

Période À partir de la période 2.

Organisation En binôme. Alternativement l'un joue pendant que l'autre observe.

Matériel Pour chaque binôme :

- 1 dizaine de cartes paniers avec les nombres de 4 à 6.
- Cartes œufs avec les nombres suivants : 1, 2, 2, 2, 3, 3, 4.
- 1 dizaine de pions.
- Tableau permettant de noter les parties.

Présentation de l'activité aux élèves

1

Voici des cartes qui représentent des paniers.

2

Sur ce panier il est écrit 6, cela veut dire qu'on peut ranger exactement 6 œufs dedans. En retournant la carte on voit 6 places, 3 places ici et 3 places là. On peut aussi les compter : 1, 2, 3, 4, 5, 6. Il y a bien 6 places.

3

Nous avons aussi des cartes comme celles-ci.

4

Au dos de ces cartes, il y a des œufs, 4 œufs sur les cartes où il est écrit 4, 3 œufs sur les cartes où il est écrit 3…

5

Je joue en premier pour vous montrer. D'abord je choisis une carte panier. Celle-là.

6

Maintenant je choisis des cartes œufs. Par exemple celles-là.

7

Ensuite je retourne toutes les cartes.

8

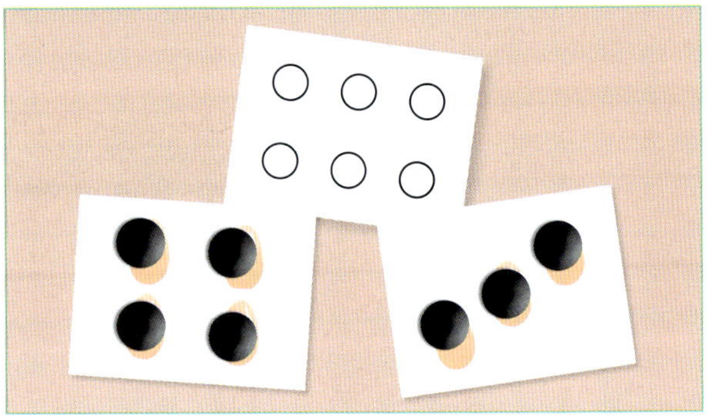

Est-ce que je peux poser un œuf sur chaque place ? *Non, tu en as un en trop.*
Tu as raison parce que là (en montrant la carte panier) c'est 3 et 3, là (en montrant la carte avec 4 œufs) il y a un œuf en trop, je ne pourrai pas le mettre.
Pour que tout le monde soit bien sûr, comme je ne peux pas bouger les œufs dessinés, je vais vérifier avec des pions. Je mets d'abord un pion sur chaque œuf.

9

Puis je dépose les pions sur les places de mon panier. Tu avais raison, j'ai un œuf en trop.
Louis, tu veux bien choisir à ton tour un panier et des œufs ? Il faut un œuf pour chaque place du panier.

Précisions sur le matériel

- Pour un même nombre, les cartes paniers ne sont pas toutes identiques : par exemple, les emplacements d'un panier « 6 » peuvent être regroupés en une constellation de 4 ronds et une de 2, ou encore en 2 groupes de 3.
- Si beaucoup de cartes œufs « 1 » sont disponibles, les élèves risquent d'approcher de 1 en 1 le nombre visé. C'est pourquoi on ne met qu'une carte œuf « 1 ».

Précisions sur le déroulement

- Quand un élève prend pour la première fois une carte avec 4 œufs pour remplir un panier à 4 emplacements, on le félicite puis on introduit une règle supplémentaire : il faut prendre au moins deux cartes œufs.
- Comme dans la présentation du jeu, l'observateur doit dire si le choix des cartes est correct. La vérification à l'aide de pions ne se fait qu'en cas de doute.

Exemples de formulation des savoirs par l'enseignant

- Pour avoir 6 œufs, on peut prendre 3 œufs et encore 3 œufs. 6 c'est comme 3 et encore 3.
- 2 et encore 2, c'est 4. Alors 2, 2 et 1 c'est comme 4 et 1, c'est 5.
- 4 c'est 2 et encore 2, mais c'est aussi 3 et 1.

Exemples adaptés si on utilise des nombres plus grands :

- Je veux 8 œufs dans mon panier. J'en ai déjà 5 ; 5 et encore 3 c'est 8. Alors, il me faut encore 3 œufs.
- 2 et encore 2 c'est 4. Alors 2, 2 et 4 c'est autant que 4 et 4, c'est 8.

Prolongements et variantes

- Augmenter les valeurs des cartes paniers (voir « cartes paniers de 7 à 10 ») à mesure de l'évolution des connaissances des enfants. Pour des paniers jusqu'à 8, on ajoute une carte de 4 œufs (voir « cartes œufs de 4 à 5 ») . Pour des paniers jusqu'à 10, on ajoute en outre une carte de 5 œufs ().
- Quand le jeu est bien compris, on peut demander à l'observateur de remplir un tableau décrivant les choix du joueur et indiquant s'il a gagné ou perdu ().

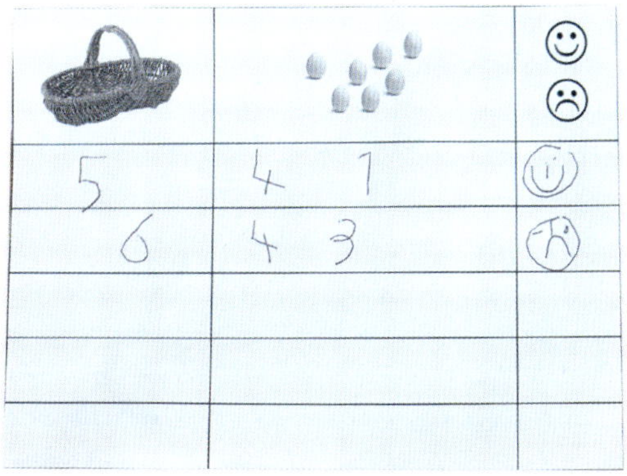

Ces tableaux pourront servir de support à un travail collectif tel qu'il est évoqué dans l'introduction, voir page 11.

- Dans le prolongement de cette situation on peut proposer aux élèves une recherche : trouver le plus de façons possible d'obtenir 5 œufs avec plusieurs cartes. Pour ce travail, il faut fournir de nombreuses cartes, dont plusieurs avec un seul œuf. Si les élèves ne pensent pas à utiliser des décompositions de plus de deux cartes, l'enseignant leur en propose une et les laisse ensuite poursuivre leur recherche.

Ce que nous avons appris en maths

Nous avons appris à choisir plusieurs cartes avec des nombres pour avoir 5 en tout.

- On peut par exemple choisir ces cartes :

3	2

- En les retournant, on voit 5 œufs :

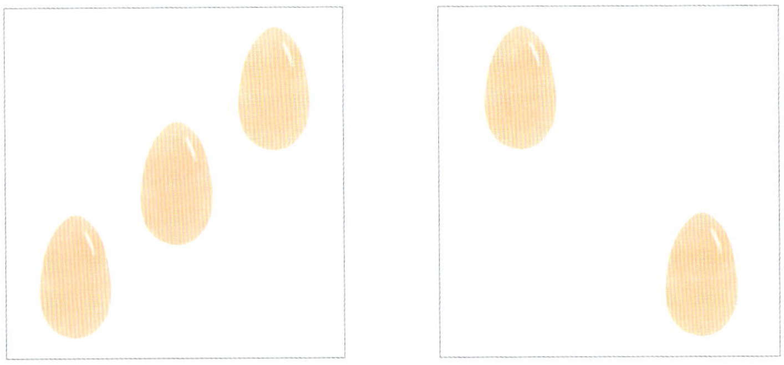

Nous avons aussi appris à faire la même chose pour 4 et 6.

- On peut par exemple avoir 6 œufs avec ces cartes :

2	2	2

9 Le bon numéro

Période À partir de la période 2.

Organisation Atelier avec l'enseignant. L'effectif peut être assez important (demi-classe par exemple).

Matériel
- Deux jeux de cartes de 1 à 15 (un jeu blanc et le même jeu à imprimer sur du papier de couleur).
- Des aimants pour les maintenir si on utilise le tableau.
- 1 frise numérique.

Présentation de l'activité aux élèves

1
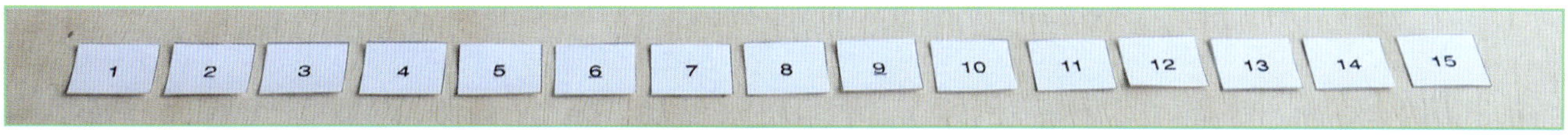

Voici des cartes blanches avec des nombres écrits dessus.
Je fais une grande ligne de cartes, dans l'ordre : 1, 2, 3…

2

Je retourne toutes les cartes en les laissant bien à leur place, dans le même ordre.

3

Voici des cartes orange avec des nombres.

4
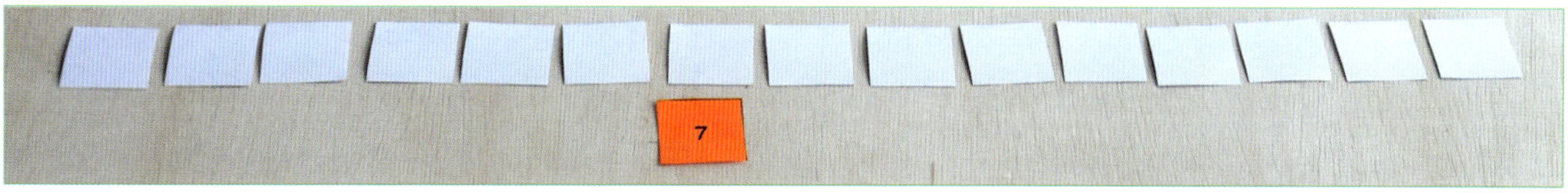

J'en prends une, puis je la place juste en dessous d'une carte blanche.

5

Pour savoir si j'ai réussi, je retourne la carte blanche.
Il est écrit 7 sur les deux cartes, elles sont identiques, j'ai réussi.
Maintenant c'est Titouan qui va jouer : essaie de poser cette carte à la bonne place s'il te plait.

Précisions sur le matériel

Si on travaille avec un groupe important d'élèves, utiliser le tableau pour que tous les élèves voient les écritures dans le bon sens.

Précisions sur le déroulement

- Il est essentiel que les nombres soient rangés dans l'ordre correct. C'est pourquoi, lors des premières parties, l'enseignant dispose lui-même les cartes. Il demande aux élèves de vérifier l'ordre en comparant à une frise numérique de référence.

- En alternance avec la tâche décrite en introduction, on peut marquer une carte blanche sans la retourner et demander à un élève de trouver la carte orange qui correspond.

- Dans un premier temps, on joue en laissant une bande numérique visible à proximité du jeu (mais pas juste au-dessus). Cette bande numérique aide l'élève qui ne reconnait pas encore l'écriture chiffrée de certains nombres. S'il tire la carte 5, il compte 1, 2, 3… en désignant les cases de la bande numérique. Il dit « cinq » en arrivant au chiffre figurant sur sa carte : celle-ci désigne donc le nombre 5. Il compte à nouveau 1, 2, 3, 4, 5 en pointant cette fois les cartes du tableau, ce qui lui indique où placer sa carte.
  Dès que possible, la bande numérique est en partie cachée. On peut par exemple masquer les nombres de 1 à 5 s'ils sont bien connus de tous les élèves du groupe et un ou deux autres nombres plus grands.

- Avant de retourner la carte blanche sous laquelle un élève a placé sa carte orange, on demande aux autres leur avis : la carte est-elle bien placée ? Cette question est d'autant plus importante que le groupe est grand. C'est en effet le seul moment où les enfants qui n'ont pas à placer une carte sont sollicités.

- L'enseignant laisse certaines cartes orange bien placées afin de choisir la difficulté de la tâche qu'il attribue à chaque élève. Par exemple, dans la séance décrite ci-dessus, si Titouan n'est pas encore familier avec l'écriture des nombres en chiffres, on lui confiera un nombre proche de 7, qui est déjà placé. Dans le cas contraire on lui donnera plutôt le 11 ou le 13.

Exemples de formulation des savoirs par l'enseignant

- Si je ne sais pas lire le nombre de la carte, je peux compter sur la bande numérique 1, 2, 3… jusqu'à ce que je trouve le même nombre.
- Pour placer la carte numéro 8, je compte du début en commençant à 1 : 1, 2, 3,…, 8. Quand j'arrive à la huitième carte, je m'arrête.
- Si la carte numéro 5 est déjà placée, pour placer la carte numéro 8, je peux compter en partant de 5 : 5, 6, 7, 8.
- À partir de 10, il faut deux chiffres pour écrire chaque nombre.

Prolongements et variantes

Le travail en groupe assez important rend possible une initiation rapide de tous les élèves. Il permet également de faire connaitre efficacement des procédures utilisées par certains élèves ou que l'enseignant montre lui-même. En revanche cela donne peu d'occasions à chaque élève de s'entrainer.

On peut donc compléter le dispositif par d'autres organisations de travail :
- en groupe de 2 à 4 élèves, placés côte à côte devant une table afin que chacun voie les chiffres dans le bon sens ;
- en entrainement individuel, les cartes sont fixées sur une bande cartonnée comme dans la situation « l'escargot caché » pour s'assurer qu'elles restent dans le bon ordre.

Le bon numéro

Ce que nous avons appris en maths

Nous avons appris à retrouver la place d'un nombre écrit.

- Il faut savoir lire le nombre écrit sur la carte orange : ici il est écrit « six » 6
- Il faut ensuite compter les cartes blanches affichées au tableau : un, deux, trois, quatre, cinq, six.

- Quand on pense avoir trouvé la bonne place, on retourne la carte blanche du tableau pour vérifier :

10 La bataille d'aimants (1)

Période À partir de la période 2.

Organisation Atelier dirigé d'environ 8 élèves avec l'enseignant devant le tableau.

Matériel

Pour le groupe :
- Des aimants de tableau de trois couleurs différentes.

Pour chaque élève :
- 3 tickets permettant de parier.

Pour l'enseignant :
- 1 feutre effaçable.

Présentation de l'activité aux élèves

1 Il y a beaucoup plus de points sous le carré. Alors je montre mon ticket avec un carré.

2 Cette fois il y a plus de points sous le triangle, je montre mon ticket avec un triangle.

3 Et pour dire qu'il y a autant de points des deux côtés, il faut montrer le ticket sur lequel il y a les deux figures, un carré et un triangle.

4

Maintenant, chacun choisit le ticket qui dit où il y a le plus d'aimants et le pose devant lui à l'envers.

5

Retournez vos tickets pour montrer ce que vous avez choisi.

Précisions sur le matériel

On disposera les aimants pour former des constellations connues avec chacune des couleurs comme dans les exemples. En effet, si les collections ne sont pas organisées, le comptage est la procédure la plus efficace.

Précisions sur le déroulement

- Lors de la présentation l'enseignant choisit des configurations qui rendent les comparaisons très faciles.
- Quand chacun a choisi son ticket, l'enseignant demande aux élèves d'expliquer leur choix, étaie les explications et propose au besoin des procédures ne s'appuyant pas sur le comptage (voir formulation des savoirs).
- L'enseignant demande toujours s'il est nécessaire de vérifier, mais si tous les élèves semblent sûrs de leurs réponses, l'explication suffit.
- Quand une vérification semble nécessaire, l'enseignant l'effectue en déplaçant les aimants de façon à former des associations de deux aimants, un dans la zone du carré et un dans celle du triangle. Les aimants qui ne peuvent pas être appariés permettent de conclure. On évitera de vérifier en comptant, ce qui renforcerait la procédure par comptage.
- On favorise ici les procédures s'appuyant sur les constellations et les décompositions-recompositions de nombres. Si malgré tout, après plusieurs séances, les élèves comptent systématiquement les points sur les cartes, l'enseignant n'insiste pas et passe à une autre situation. Les mêmes problèmes seront repris à partir d'écritures chiffrées dans la situation « la bataille d'aimants (2) » (voir p. 82).

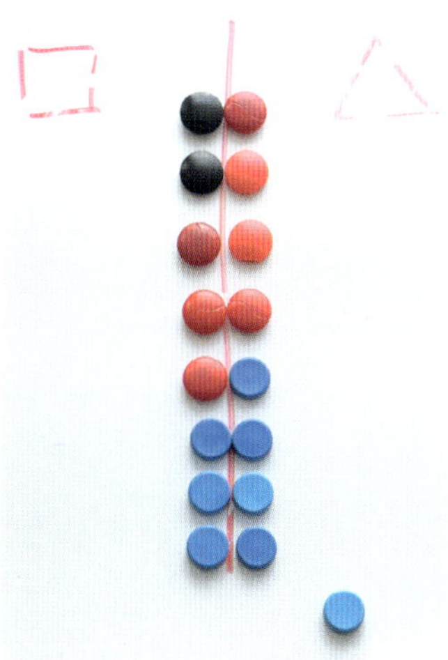

Exemples de formulation des savoirs par l'enseignant

Ces formulations sont à utiliser en situation en dessinant les regroupements que l'on effectue. Pour les cas difficiles, l'enseignant déplace des aimants pour illustrer le raisonnement.

- **Formulations adaptées pour cette disposition :**

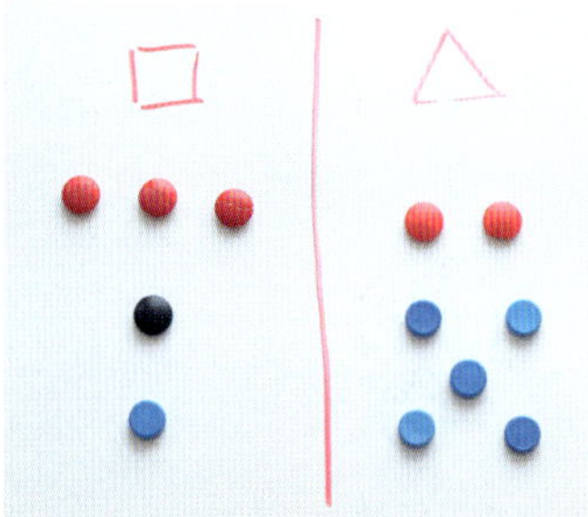

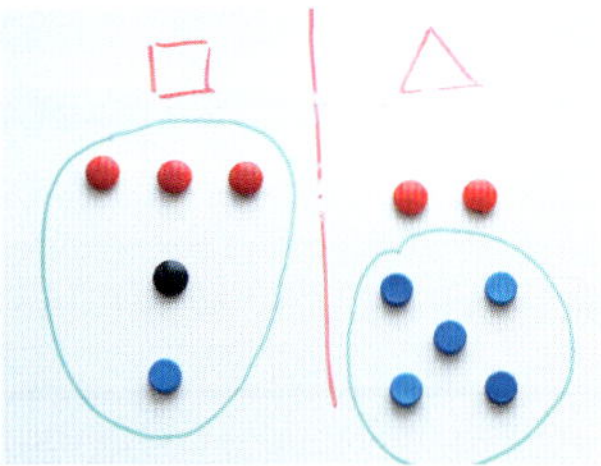

3 et encore 1 c'est 4, 4 et encore 1 c'est 5. Il y a 5 aimants ici (en entourant les 5 aimants du côté du carré). Là (en entourant la constellation de 5 du côté du triangle) il y en a 5 et encore 2, il y a plus d'aimants du côté du triangle.

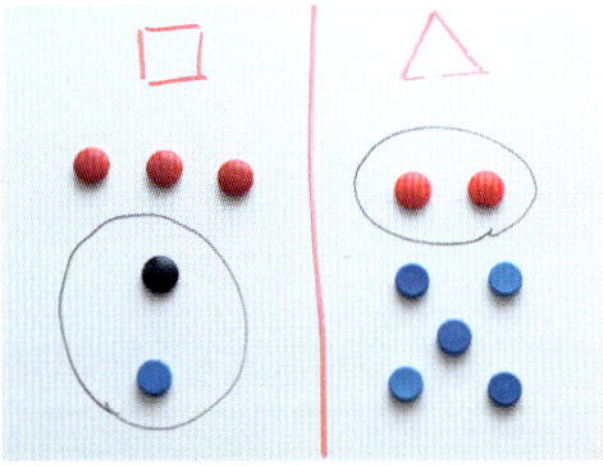

Ici il y a 2 aimants et encore 3 aimants. Là il y a 2 aimants et encore 5 aimants. Il y a plus d'aimants du côté du triangle.

- **Formulations adaptées pour cette disposition :**

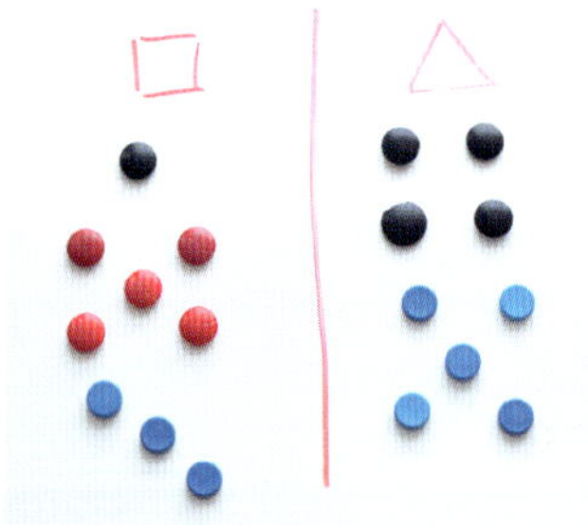

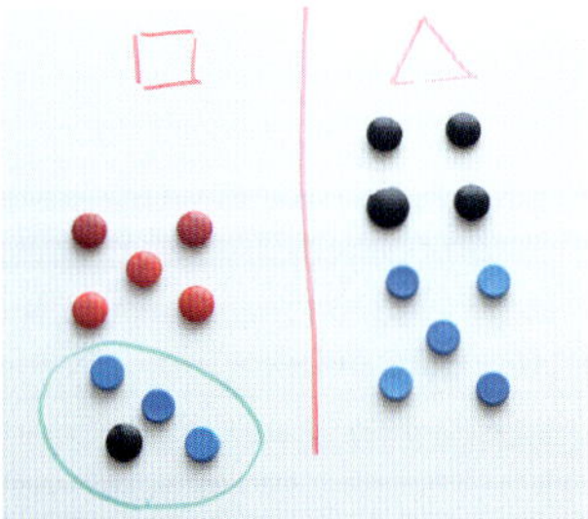

3 aimants et encore 1, c'est 4 aimants (en plaçant l'aimant noir près des 3 aimants bleus). Il y a 5 et encore 4 de chaque côté, il y a autant d'aimants des deux côtés.

En déplaçant un des 4 aimants noirs, j'ai un groupe de 3 aimants et 1 aimant tout seul.
Il y a 5, 3 et 1 de chaque côté, il y a autant d'aimants des deux côtés.

La bataille d'aimants (1)

Ce que nous avons appris en maths

Nous avons appris à comparer des groupes d'objets pour dire où il y en a le plus.

Souvent, on peut le faire sans compter les objets un par un.

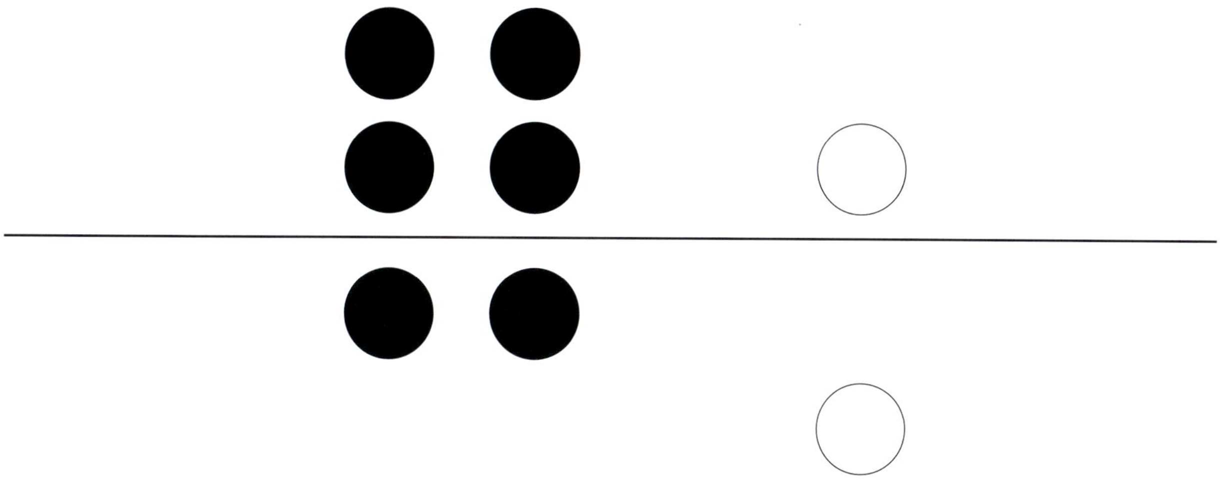

- 4 points et encore 1 point, c'est plus que 2 points et encore 1 point.
  Il y a plus de points en haut.

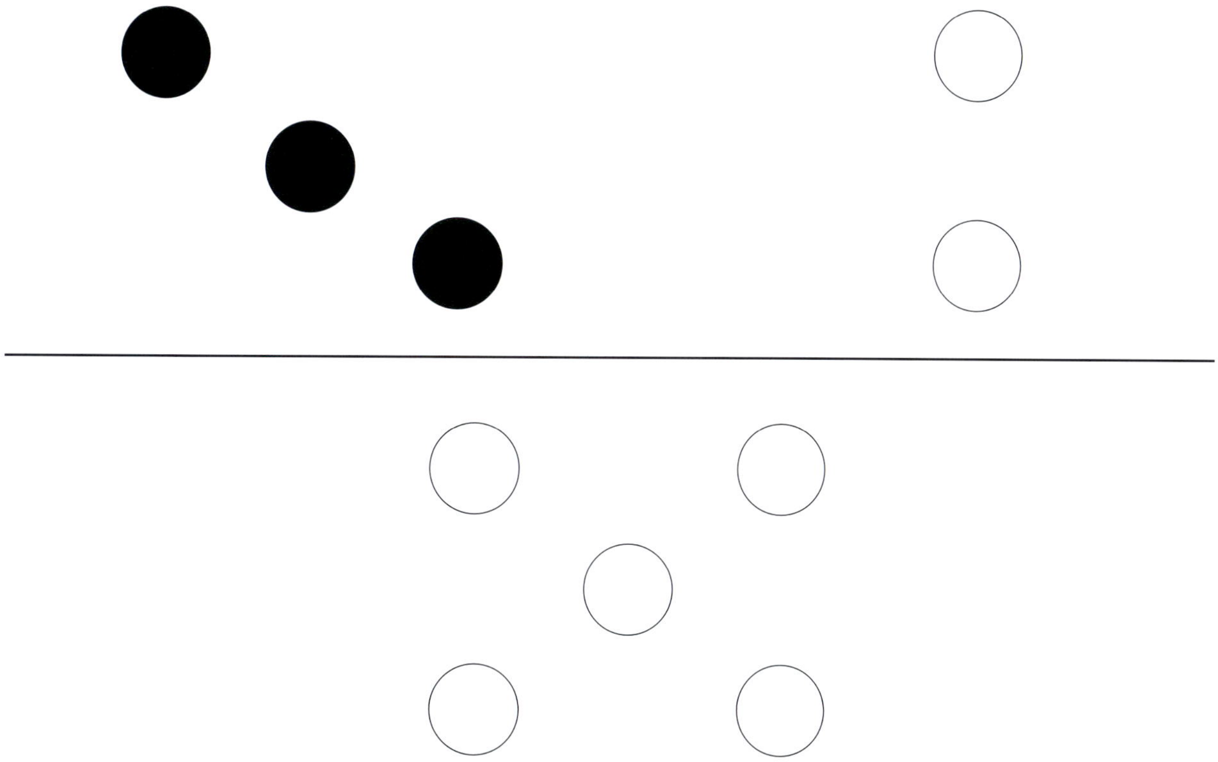

- 3 points et encore 2 points, c'est 5 points. Il y a autant de points en haut et en bas.

11 Le gobelet

Période À partir de la période 3, si on utilise des dés standards (voir « Précisions sur le matériel »).

Organisation Présentation en atelier ou en demi-classe, puis jeu en binôme.

Matériel Pour l'ensemble du groupe lors de la présentation, puis pour chaque binôme :
- 2 dés.
- 1 gobelet.
- Des jetons pour marquer les scores.
- Livre des dés.

Présentation de l'activité aux élèves

1

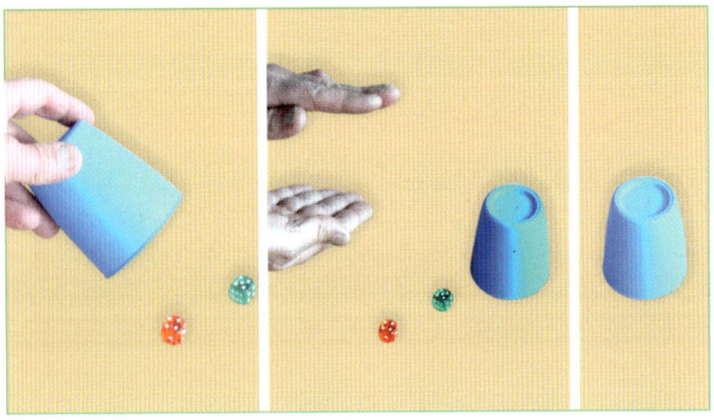

Dans ce jeu, il faudra bien regarder les dés mais vous aurez très peu de temps pour le faire, je vous montre.
L'enseignant lance les dés à l'aide du gobelet, le pose en laissant les dés visibles le temps de claquer dans ses mains, puis cache les dés sous le gobelet.

2

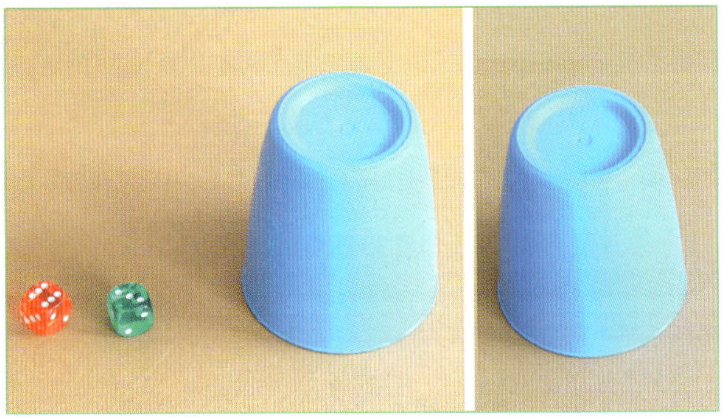

Vous avez vu, ça va très vite, je pose le gobelet pour montrer les dés et je le remets le plus vite possible. Je recommence.
Manon va essayer en premier : pour gagner, tu devras me dire combien il y a de points en tout sur les deux dés… prête ?
Combien de points as-tu vus, Manon ? *Euh je ne sais pas.*

3

Ce n'est pas grave, Arthur tu veux essayer ?
L'enseignant recommence la manipulation.
Combien de points as-tu vus, Arthur ? 2.

4

Je soulève le gobelet pour voir… tu as raison, tu as gagné un jeton. C'est bien mais il faut dire que tu as eu de la chance, pour Manon c'était beaucoup plus difficile.

5

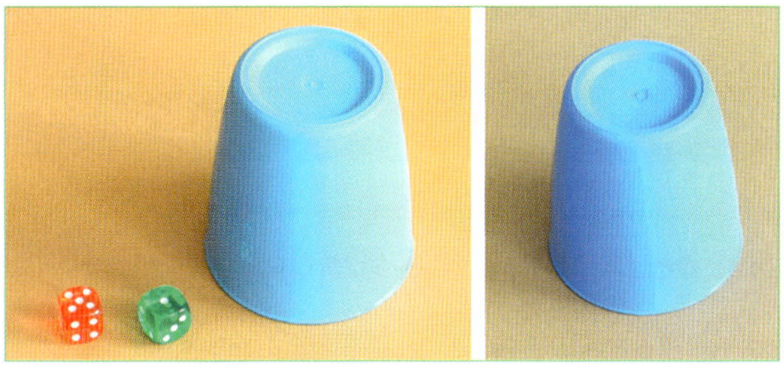

Chloé, tu veux essayer ?
Combien de points as-tu vus, Chloé ? 6, *parce qu'il y a 5 et encore 1.*

6

Je soulève le gobelet pour voir… tu as raison. Tu as gagné un jeton.
Maintenant, vous allez jouer à deux, l'un prend le gobelet et l'autre essaie de trouver combien il y a de points sur les deux dés, puis vous changez.

Précisions sur le matériel

- Si la présentation se fait devant un groupe nombreux, utiliser de gros dés pour que tous les élèves voient bien les points.
- En utilisant des dés blancs sur lesquels on peut écrire, on peut choisir les valeurs. Il est donc possible de commencer le jeu plus tôt dans l'année avec des dés comportant deux faces avec 1 point, deux faces à 2 points et deux faces à 3 points.
- En utilisant des dés blancs et en remplaçant les faces à 6 points par des faces à 5 points (qui sont donc présentes deux fois sur chaque dé) on privilégie les groupements du type « 5 et quelque chose » qui sont intéressants pour le calcul.

Précisions sur le déroulement

- Le tirage au sort des valeurs peut conduire à des situations difficiles (comme pour Manon dans notre description). Lors des premières séances, il est normal que les élèves ne sachent pas répondre. L'enseignant veillera à ce que lors des parties en binôme, les élèves prennent bien le temps de vérifier si la réponse est correcte en comptant les points. Le comptage des points de un en un n'est pas possible pendant le court intervalle où le gobelet est enlevé, mais il est nécessaire lors de la vérification.

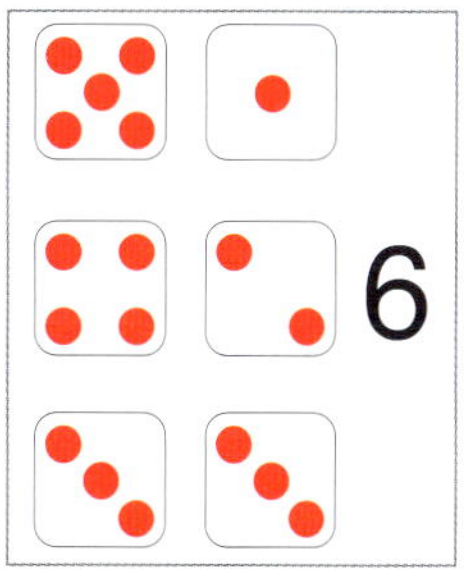

- Après quelques parties, un « livre des dés » (voir) est mis à la disposition des élèves avant une séance. Chaque page de ce livre montre les différentes façons d'obtenir un nombre avec deux dés, voici ci-contre la page du 6.
  Dans les cas où une vérification semble nécessaire, on peut alors faire référence aux pages de ce « livre des dés » plutôt que de compter.

Exemples de formulation des savoirs par l'enseignant

Il s'agit uniquement de décrire les décompositions présentées dans le « livre des dés » :

- 4 points et encore 2 points, c'est 6 points, ou 4 et encore 2, c'est 6, ou encore 4 plus 2 égale 6.

Ce que nous avons appris en maths

Nous avons appris à trouver très vite combien de points il y a sur deux dés.

Pour réussir il faut se souvenir des pages du livre des dés comme celle-ci :

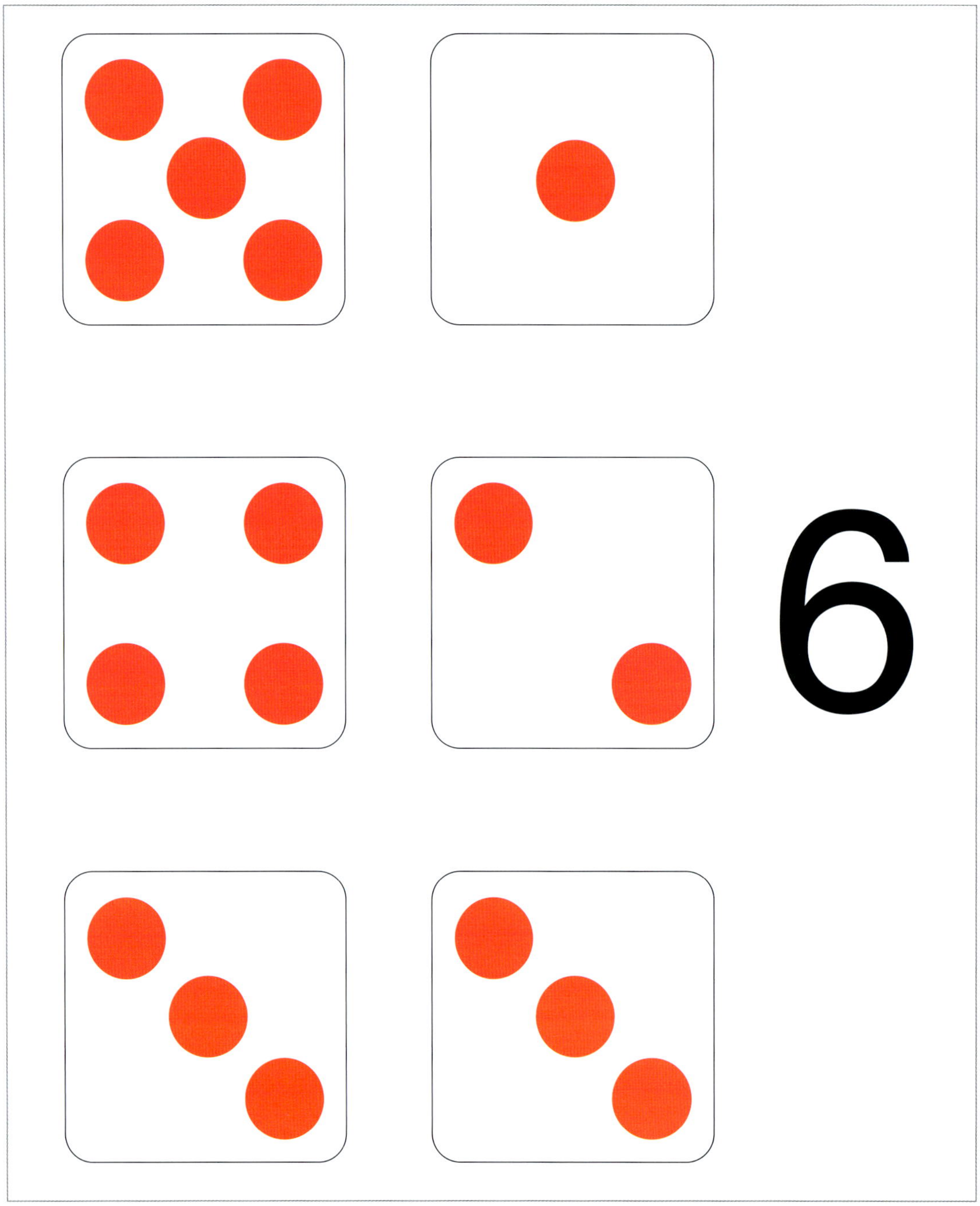

12 Les tours dessinées (1)

Période À partir de la période 3.

Organisation Atelier dirigé d'environ 8 élèves devant le tableau.

Matériel

Pour le groupe :

- 10 cartes rectos versos représentant les tours et les nombres rouges (2 exemplaires de chaque valeur de 1 à 5), les mêmes cartes en bleu.

Pour chaque élève :

- 1 carton rouge, 1 carton bleu et 1 blanc.
- Éventuellement 1 carton « point d'interrogation ».
- Pâte adhésive ou aimants pour maintenir les cartes au tableau.

Présentation de l'activité aux élèves

1

Aujourd'hui, nous allons travailler avec des cartes montrant des tours dessinées avec une ou plusieurs briques. Sur cette carte, il est écrit 5 en rouge. De l'autre côté une tour de 5 briques rouges est dessinée. Vous voyez de votre place qu'il y a bien 5 briques ? Zoé, viens les compter pour vérifier. Voici une autre carte, il est écrit 3 en bleu. De l'autre côté il y a le dessin d'une tour de 3 briques bleues. Chaque enfant a besoin de deux petits cartons, un rouge et un bleu. Tout le monde a bien ses cartons ?

2

Voici deux cartes, quand je les retournerai, je placerai les deux tours côte à côte. Quelle sera la tour la plus haute, la rouge ou la bleue ? Pour répondre, si vous pensez que la tour bleue est la plus grande, vous levez le carton bleu. Si vous pensez que la plus grande tour est la rouge, vous levez le carton rouge. Si vous n'êtes pas sûrs, vous avez le droit de ne pas montrer de carton. Vous êtes prêts ? Montrez vos cartons. Vous avez tous levé le carton rouge.

3

Je retourne les cartes…

4

Vous avez tous bien parié, alors maintenant ça va devenir plus difficile. Je vais utiliser plusieurs cartes de la même couleur. Avec les cartes de la même couleur, je fais une seule tour comme ça.

5

Avec ces cartes, je fais cette tour.

6

Je vais faire une tour rouge et une tour bleue avec ces cartes, réfléchissez bien pour trouver quelle tour sera la plus haute et montrez votre carton.

Précisions sur le matériel

Pour réaliser des tours comportant plusieurs cartes, la brique du bas de chaque carte doit être au bord de la feuille. Nous proposons de découper les tours dans des grilles imprimées sur du papier de couleur (), puis de les coller sur des fiches blanches ou d'imprimer en couleurs les tours proposées sur le CD. Les cartes sont maintenues ensemble par des aimants au tableau ou de la pâte adhésive.

Précisions sur le déroulement

- Nous n'avons pas évoqué dans la présentation le cas où les deux tours ont la même hauteur. On introduira dès que nécessaire la convention suivante : si vous pensez que les deux tours ont la même hauteur, vous levez ce carton blanc.

- L'enseignant rappellera aussi souvent que nécessaire que si on ne sait pas, on a le droit de ne pas lever de carton. Il peut également introduire un carton marqué d'un point d'interrogation. Il peut alors introduire la règle suivante : après avoir choisi leur carton, les élèves attendent puis le lèvent simultanément au signal de l'enseignant.

- Cette situation permet une très grande variété de raisonnements suivant les valeurs numériques choisies. Nous en donnons quelques-uns dans la rubrique qui suit.

Exemples de formulation des savoirs par l'enseignant

L'enseignant déplace les cartes pour souligner le raisonnement. Par exemple, il rapproche les cartes 3 et 2 bleues en disant « 3 briques bleues et 2 briques bleues, c'est 5 briques bleues. »
Au début, l'enseignant utilise de préférence les formulations évoquant les briques. Petit à petit et parfois de façon redondante, il introduit des énoncés décontextualisés.

- 5 ; 2 / 5 : 5 briques et encore 2 briques, c'est plus que 5 briques.
5 et 2, c'est plus que 5. La tour bleue est la plus haute.
- 5 ; 2 / 5 ; 4 : 5 briques rouges, c'est comme 5 briques bleues. 4 briques, c'est plus que 2 briques, alors 5 briques et 4 briques, c'est plus que 5 briques et 2 briques.
- 5 ; 2 / 5 ; 4 : 4 c'est plus que 2, alors 5 et 4 c'est plus que 5 et 2.
- 4 ; 2 ; 3 / 5 ; 4 : 3 briques bleues et 2 briques bleues, c'est 5 briques bleues. Alors il y a 5 briques et encore 4 briques de chaque côté, il y a autant de briques bleues que de rouges.
- 4 ; 2 ; 3 / 5 ; 4 : 3 et 2 c'est 5, il y a 5 et 4 de chaque couleur, il y a autant de briques de chaque couleur.
- 4 ; 2 / 5 ; 3 : 5 briques, c'est plus que 4 briques. 3 briques, c'est plus que 2 briques. Alors 5 briques et 3 briques, c'est plus que 4 briques et 2 briques.
- 4 ; 2 / 5 ; 1 : 4 et encore 2, c'est 6. 5 et encore 1 c'est 6 aussi, il y a autant de briques bleues que de rouges.

Prolongements et variantes

- En petits groupes de quatre élèves environ, un élève choisit à tour de rôle les cartes à utiliser. Quand chacun (y compris l'élève qui a choisi les cartes) a fait sa prévision, l'élève qui a choisi les cartes les retourne pour valider. Chaque élève ayant fait une prévision correcte gagne un jeton.

- Comme pour d'autres situations, il est intéressant de reprendre certains cas en groupe plus important, voire en classe entière devant le tableau. C'est l'occasion d'explorer des cas délicats comme 2 ; 2 ; 2 / 3 ; 3 ou 3 ; 3 ; 3 / 4 ; 4.

Ce que nous avons appris en maths

Nous avons appris à prévoir quelle tour sera la plus haute à partir des nombres de briques écrits sur des cartes.

Voici un exemple :

- Au dos de ces cartes, il y a 3 briques bleues et 2 briques bleues.
- Au dos de ces cartes, il y a 5 briques rouges et 2 briques rouges.

- 5 c'est plus que 3 alors 5 briques rouges et 2 briques rouges, c'est plus que 3 briques bleues et 2 briques bleues. La tour rouge sera plus haute. Nous le savons avant de retourner les cartes pour vérifier.

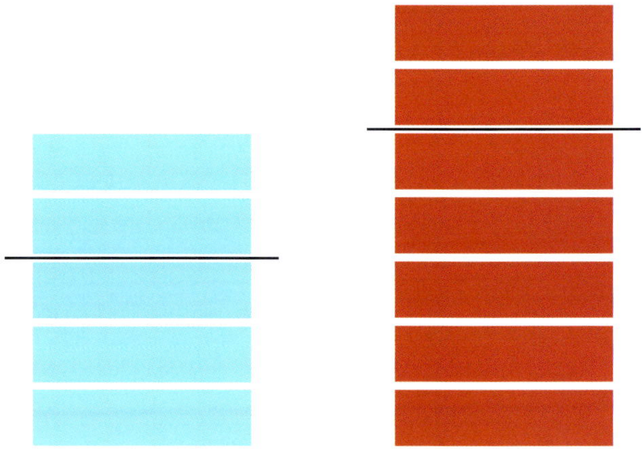

Chaque ligne montre un problème du même genre.
Votre enfant .... saura peut-être vous dire quelle tour est la plus grande mais c'est un travail difficile, il est normal qu'il ne sache pas répondre à tous ces problèmes.

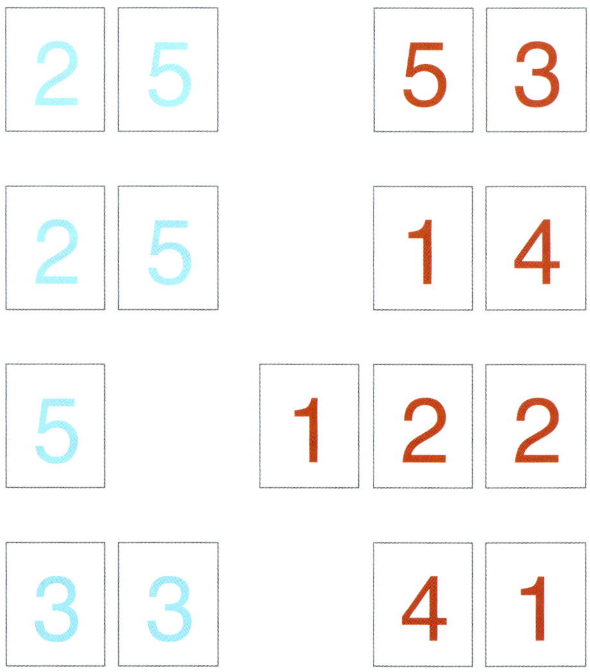

13 Le message

Période À partir de la période 3, dès que la lecture des écritures chiffrées est acquise.

Organisation Travail en binôme au sein d'un atelier.

Matériel Pour chaque binôme :

- 1 écran en carton posé sur une table.
- 10 cartes à points, de 1 à 10.
- 1 crayon et du papier.
- Des cartes indiquant le sens d'écriture des chiffres.
- 1 plateau et un peu plus de 10 pions.

Présentation de l'activité aux élèves

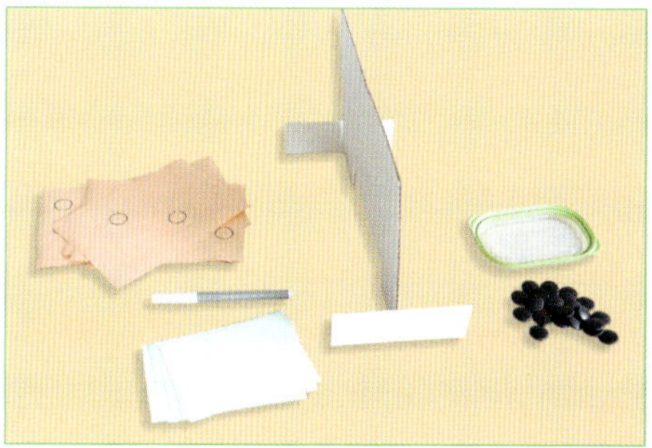

1

Pour ce jeu, il faut être deux, un de chaque côté de la table. D'un côté, il y a une pile de cartes avec des points, un crayon et des petits papiers.
De l'autre côté, il y a des pions et un plateau.
Je me mets du côté des cartes. Fanny, assieds-toi du côté des pions s'il te plait.

2

Je regarde bien la carte qui est sur le dessus de la pile et j'écris en chiffres combien de points il y a sur la carte. Je passe mon message à Fanny sans rien lui dire.

3

Fanny, mets sur le plateau le nombre de pions indiqués sur le message et passe-moi le plateau.

4

Je pose les pions que Fanny m'a donnés sur les points de la carte : il y a exactement un pion sur chaque point, alors Fanny et moi avons gagné. S'il y a un pion en trop ou s'il y a un point sans pion, c'est perdu.

Précisions sur le déroulement

- L'écriture manuelle des chiffres est la compétence nouvelle au centre de cette activité. Elle permet de montrer l'intérêt de s'entrainer à bien écrire. Si certains élèves ne savent dénombrer que jusqu'à 6 ou bien s'ils ne reconnaissent pas les écritures chiffrées au-delà de 6 on ne leur proposera pas de carte comportant plus de 6 points.

- On mettra à disposition des élèves des modèles indiquant le sens d'écriture des chiffres .

- Après avoir traité toutes les cartes, les deux élèves du binôme recommencent en changeant de rôle.

Exemples de formulation des savoirs par l'enseignant

Il s'agit surtout d'aides permettant d'utiliser d'emblée le geste graphique correct.

- Si je ne sais plus écrire un chiffre, je regarde la carte modèle pour savoir où commencer et dans quel sens déplacer le crayon.
- Quand les chiffres ne sont pas bien écrits, on ne les reconnait pas toujours.
- Pour écrire « 6 », il faut commencer au bout de la queue.

Prolongements et variantes

- Il est possible de reprendre cette activité en atelier autonome. On demande alors aux élèves de garder les messages associés aux cartes utilisées afin de revenir avec eux sur leurs réussites et leurs éventuels échecs. Pour cela, on fournira des pinces à linge ou des trombones, ou bien on placera les cartes à points dans des pochettes transparentes.

- Pour réussir cette situation, il suffit que les chiffres écrits soient lisibles, même s'ils ne sont ni très beaux ni très standards. On peut ensuite proposer un entrainement systématique à l'écriture des chiffres.

- **Le jeu des espions**
  Ce jeu se déroule en parallèle à d'autres activités et implique un groupe assez nombreux voire la classe entière.
  Il n'est proposé que quand les élèves semblent bien maitriser la lecture et l'écriture du nombre que l'enseignant a décidé de proposer.
  Des étiquettes portant le nom de tous les joueurs sont placées dans un sac.
  L'enseignant tire le nom d'un élève et lui montre une carte à points. L'élève écrit le nombre de points sur une ardoise et le maitre cache la carte.
  L'élève tire le nom d'un camarade et lui donne l'ardoise. Celui-ci efface le nombre écrit sur l'ardoise puis tire un nom et va chuchoter le nombre à l'oreille de cet élève.
  Ce nouvel élève écrit à son tour le nombre sur l'ardoise et on poursuit en alternant informations écrite et orale.
  Quand il n'y a plus d'étiquette-nom dans le sac, le dernier élève va chercher le nombre de cubes qu'on lui a indiqué.
  Le groupe a réussi s'il y a juste un cube sur chaque point de la carte.

Ce que nous avons appris en maths

Nous avons appris à écrire les chiffres.

- Pour que les chiffres soient faciles à lire, il faut bien les écrire en déplaçant le crayon dans le bon sens.

- Il faut deux chiffres pour écrire les nombres à partir de 10.

14 Le 1 rouge

Période À partir de la période 3.

Organisation En atelier, en binôme. On peut faire jouer simultanément autant de binômes qu'on le souhaite. La présentation de l'activité peut avoir lieu devant un groupe important, elle se fait alors au tableau avec des bandes plus grandes.

Matériel Pour chaque binôme :

- 12 bandes cartonnées, trois de chaque valeur de 1 à 4. Les nombres sont écrits en noir sur toutes les bandes sauf un chiffre 1 qui est écrit en rouge.
- Un sac opaque contenant toutes les bandes sauf le 1 rouge.
- De la pâte adhésive.
- Des aimants pour la présentation en collectif de l'activité.

Présentation de l'activité aux élèves

1

Pour ce jeu, on utilise des bandes comme celle-ci. Sur cette bande il est écrit 4, cela veut dire que si je la retourne, je vois 4 carrés.
Si je retourne une bande où il est écrit 3, il y a 3 carrés, et pareil pour les autres.

2

Les bandes sont placées dans le sac, sauf le 1 rouge qu'on ne met jamais dans le sac.

3

Vous jouerez à deux, par exemple Léo jouera avec Mehdi. Pour l'instant, je joue à la place de Mehdi. Il faut prendre cinq bandes, quatre bandes dans le sac et le 1 rouge.

4

Nous nous partageons les bandes, par exemple : le 4 et le 3 pour Léo et les autres bandes pour moi.

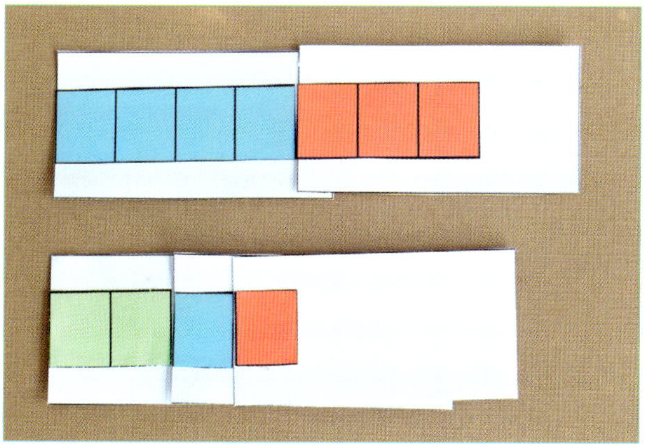

5

Puis on fait deux grandes lignes, une avec les carrés de Léo, l'autre avec mes carrés.
La ligne de Léo est plus longue, il a plus de carrés, c'est perdu.
Pour gagner, il faut que les deux lignes aient autant de carrés, qu'elles aient la même longueur.
Quand on a vérifié si on a gagné ou pas, on remet les bandes dans le sac, sauf le 1 rouge, et on recommence.

6 Avant de faire les équipes qui vont jouer ensemble, j'ai une dernière règle à vous expliquer : le 1 rouge est un peu spécial dans ce jeu parce qu'on n'est pas obligé de s'en servir. On peut mettre le 1 rouge dans un des paquets comme j'ai fait, mais on peut aussi le laisser sur la table, personne ne le prend et on ne le retourne pas.

Précisions sur le matériel

- Pour un travail par binôme, on utilisera des bandes dont les cases mesurent environ 2 cm de côté (💿). Pour un travail au tableau on utilise des bandes de plus grande taille (💿).
- Les fichiers du CD permettent deux types de fabrication : en découpant des carrés imprimés sur papier de couleur puis collés sur les bandes (résultat plus flatteur) ou en imprimant les bandes avec les carrés dessinés que l'on fait ensuite colorier par les élèves (plus rapide).
- Si certains élèves ont du mal à placer les bandes pour faire les lignes, on peut leur mettre à disposition de la pâte adhésive.
- Il est préférable que les carrés ne soient pas de la même couleur sur toutes les bandes. Cela permet de mieux voir la décomposition de chaque ligne lors de la vérification.

Précisions sur le déroulement

- Au cours de l'atelier, veiller à ce que les élèves mettent bien les bandes bout à bout sans recouvrir de carrés et fassent correspondre l'origine des deux lignes.
- On préviendra les élèves qu'avec certains tirages on ne peut pas gagner.
- Ce jeu est difficile, les élèves doivent pouvoir jouer un nombre important de fois afin qu'ils construisent des procédures. Le temps d'atelier doit permettre cela et le jeu peut être repris régulièrement au cours de l'année.

Exemples de formulation des savoirs par l'enseignant

- 2 et encore 2 ce n'est pas la même chose que 2 et encore 3, c'est perdu.
- Ils ont gagné : 4 et encore 2 c'est 6. 3 et encore 3, c'est aussi 6.
- **Formulation adaptée au partage 2 ; 2 ; 1 / 4 ; 1 :** 2 et encore 2 c'est 4, alors 2, 2 et 1 c'est comme 4 et 1. C'est gagné.
- Une façon de savoir si on a gagné est de trouver combien de carrés a chaque joueur.
- Quand il y a deux bandes 3, on a envie d'en prendre chacun une, mais parfois ça empêche de gagner, par exemple si on a ces bandes : 3 ; 3 ; 4 ; 2 ; 1.

Prolongements et variantes

Comme pour d'autres situations, après plusieurs parties on demande aux élèves de noter leurs tirages et leurs choix sur des feuilles préparées à cet effet.
Les feuilles doivent être remplies avant de valider en construisant les lignes. Si les élèves du binôme pensent qu'il est impossible de réaliser deux lignes de même longueur, ils laissent vides les cases destinées à la répartition.

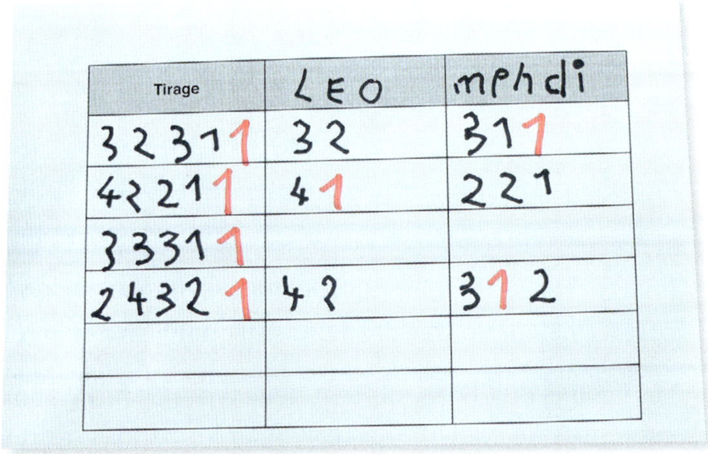

Tirage	LEO	mehdi
32311	32	311
42211	41	221
33311		
24321	42	312

L'enseignant peut reprendre en collectif certains cas référencés ci-dessus et peut poser les questions suivantes : *Léo et Mehdi ont-ils gagné ? Comment pouvait-on gagner avec ce tirage ? Y a-t-il d'autres façons de gagner avec ce tirage ?*
À cette occasion, il peut pointer les cas où le partage a été difficile voire impossible.

Ce que nous avons appris en maths

Nous avons appris à partager des carrés entre deux enfants pour que chacun en ait autant.

- Pour ce jeu, on utilise des bandes comme celle-ci. Sur cette bande il est écrit 4, cela veut dire que si je la retourne, je vois 4 carrés. On travaille en voyant seulement les nombres écrits, pas les carrés.

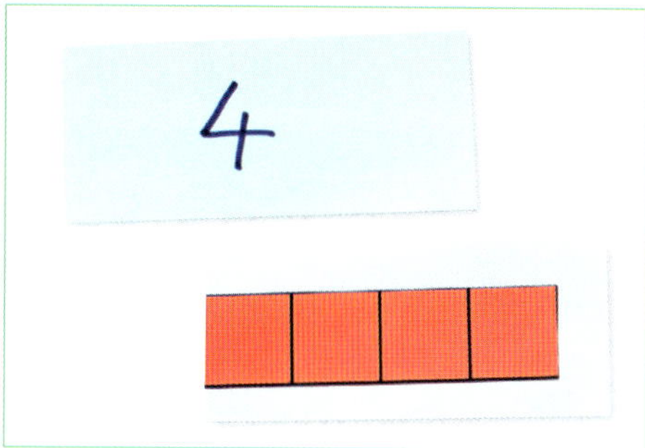

- Si on a ces bandes :

3 | 3 | 2 | 1 | 1

on peut les partager comme ça :

3 | 2   3 | 1 | 1

Les deux joueurs ont autant de carrés parce que **1 carré et encore 1 carré** c'est comme 2 carrés. On peut alors retourner les bandes pour vérifier que les deux joueurs ont bien autant de carrés.

- On doit partager toutes les bandes sauf celle avec un 1 rouge qu'on n'est pas obligé d'utiliser.
- Ce travail est difficile, il arrive même quelquefois qu'on tire des bandes avec lesquelles le partage n'est pas possible.

15 La course à 10

Période À partir de la période 4.

Organisation Jeu par groupes de 2 à 4 élèves, plusieurs groupes peuvent jouer simultanément dans un atelier.

Matériel Pour chaque groupe :

- 1 boite contenant 24 cartes portant des points au recto et l'écriture chiffrée correspondante au verso (8 exemplaires de la carte 1, 4 exemplaires de chacune des valeurs de 2 à 5).

Présentation de l'activité aux élèves

1

Dans ce jeu, vous allez prendre des cartes avec des points. Pour gagner, il faut avoir exactement dix points en tout. Si j'ai ces cartes, est-ce que je gagne ?
On sait pas, il faut compter les points pour savoir si t'as 10… 1, 2, 3…
C'est pas la peine de compter, 3 et puis 2 ça fait 5, et 5 et 5 c'est comme les deux mains, tous les doigts des deux mains, c'est 10 doigts alors t'as gagné.
Tu es d'accord avec Alida, Alexy ou tu veux finir de compter ? *4, 5, 6, 7, 8, 9, 10. Alida a raison, il y a 10 points, tu as gagné.*

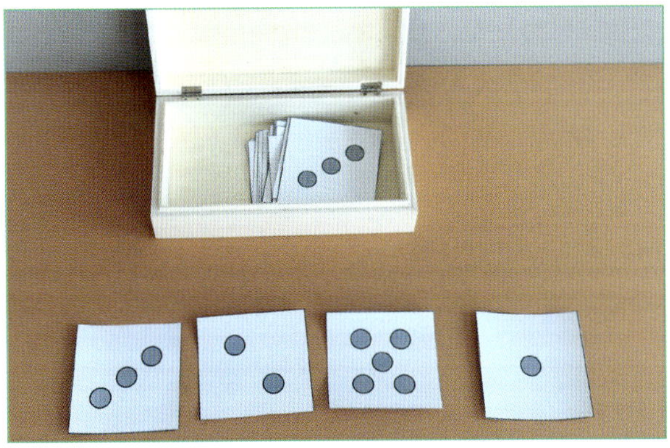

2

Attention, si j'ai un point en plus comme ça, je n'ai pas gagné. Pour gagner il faut avoir exactement 10 points, pas un de plus pas un de moins.

3

Comme vous êtes grands et forts en calcul, nous allons jouer en retournant les cartes, sans voir les points. Comme dans d'autres jeux, le chiffre écrit de l'autre côté de la carte dit combien il y a de points : s'il est écrit 4, il y a 4 points ; s'il est écrit 3, il y a 3 points.

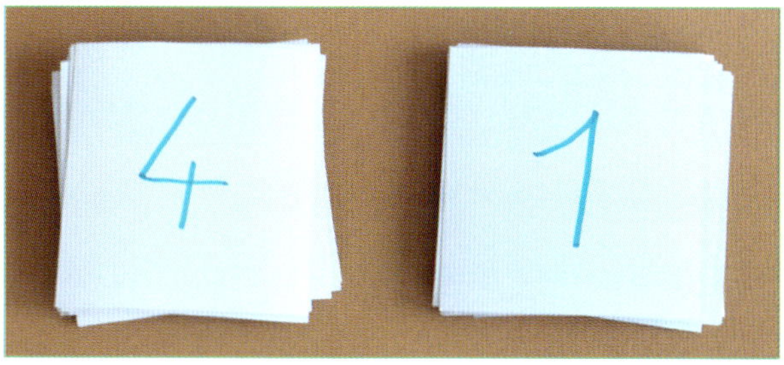

4

Pour commencer, je forme deux piles de cartes.

5

Juliette et Bryan vont jouer la première partie, les autres vous regardez bien. Juliette, tu veux bien commencer ? Prends une des deux cartes, celle que tu veux, et jette l'autre dans la boite.
Je prends 4 et je jette 1 dans la boite, parce que 1 c'est pas beaucoup.

6

Un peu plus tard : Maintenant, c'est au tour de Bryan de choisir une carte.
Tu as l'air bien embêté Bryan, qu'est ce qui ne va pas ?
Il me faut 1, je ne peux pas gagner.
Ce n'est pas grave, si aucune carte ne te convient, tu peux les jeter toutes les deux dans la boite. Maintenant c'est à Juliette de jouer et tu auras peut-être ce qu'il te faut au prochain tour.

Précisions sur le déroulement

- Les cartes sont disposées en deux piles. À chaque tour, la (ou les) carte(s) qui n'est pas choisie est retirée de la pile. Quand une des piles est vide, on mélange les cartes inutilisées et on reconstitue deux piles.
- Si on décide de proposer ce jeu avant la période 4, il sera utile de jouer pour commencer quelques parties en utilisant la face des cartes avec les points.
- Quand un joueur atteint 10, les autres continuent à jouer jusqu'à ce que chacun pense avoir obtenu 10, on vérifie alors chacun des totaux. Préciser que chaque élève qui atteint 10 gagne, ce n'est pas seulement le premier qui atteint 10 qui gagne.
- La validation se fait autant que possible en argumentant : « j'ai 10 parce que 4 et encore 4 c'est 8 et avec 1 ici et 1 là, ça fait 9 et 10 », mais en cas de doute il est toujours possible de retourner les cartes et de compter les points.

Exemples de formulation des savoirs par l'enseignant

- 5 et 5 c'est 10, comme les doigts des deux mains.
- 6 et 4 c'est comme 5 et 5, c'est 10 *(en déplaçant des jetons sur la table ou des aimants au tableau)*.

- 9 et 1 c'est 10, parce que 10 suit 9 dans la chanson des nombres.
- 8 c'est 4 et 4 alors 8 et 2 c'est comme 5 et 5, c'est 10 *(en déplaçant des jetons)*.

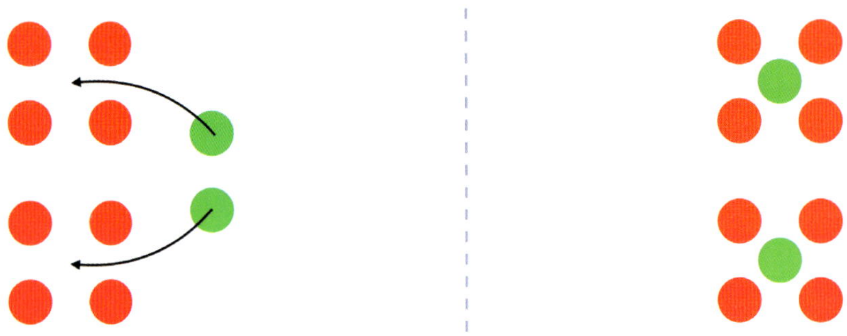

Note : Dans les formulations que nous proposons ici, il est question de « 6 et encore 4 » et non de « 6 points et encore 4 points ». Dans beaucoup de classes ce sera possible à cette période de l'année, mais si l'enseignant a un doute il continuera comme nous le proposons pour d'autres situations à utiliser à la fois des formulations avec les points et des formulations plus abstraites utilisant seulement les nombres.

Prolongements et variantes

Bien que 10 soit une valeur privilégiée car la mémorisation de ses décompositions est particulièrement utile pour le calcul, il est possible de jouer aussi à la course à d'autres valeurs comme 8, 9 ou 12.

Ce que nous avons appris en maths

Nous avons appris à choisir les bonnes cartes pour avoir juste 10 points.

- Pour ce jeu, nous utilisons des cartes comme celles-ci :

D'un côté il y a le nombre.

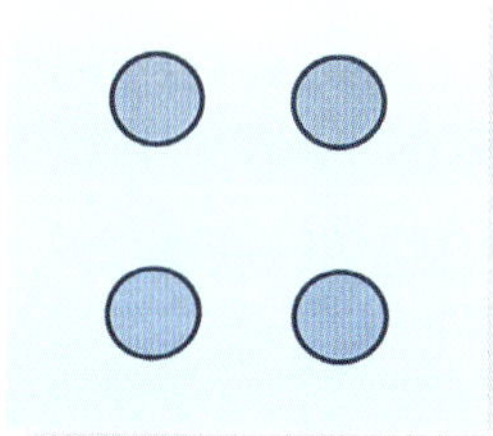

De l'autre les points.

- Nous utilisons les nombres écrits, les points sont cachés.
- Pour faire 10, on peut faire 5 et encore 5.

5 5

- Avec les cartes 3, 2, 1 et 4 on a 10 parce que 3 et 2 c'est 5 et que 4 et 1 c'est aussi 5.

3 2 4 1

- On peut aussi réussir à faire 10 sans se servir de 5 : avec les cartes 3, 3, 3 et 1 on a 10.

3 3 3 1

16 Les tours dessinées (2)

Période À partir de la période 4 (et après avoir utilisé la situation « les tours dessinées 1 »).

Organisation Atelier dirigé d'environ 8 élèves devant le tableau.

Matériel

Pour le groupe :

- 24 cartes rectos versos (2 exemplaires de chaque valeur de 1 à 6 pour chaque couleur) destinées à poser les problèmes.
- 20 autres cartes rectos versos (1 exemplaire de chaque valeur de 1 à 10 pour chaque couleur) destinées à représenter les réponses des élèves.
- Des aimants ou de la pâte adhésive pour fixer les cartes au tableau.

Pour chaque élève :

- 1 ardoise.
- 1 feutre bleu et 1 feutre rouge.

Présentation de l'activité aux élèves

1

Comme d'habitude, je retournerai les cartes qui sont au tableau pour former une tour bleue et une tour rouge.

2

Aujourd'hui, votre travail sera de choisir une nouvelle carte qu'on ajoutera à celles du tableau avant de les retourner.
Je choisis le 3 rouge.

3

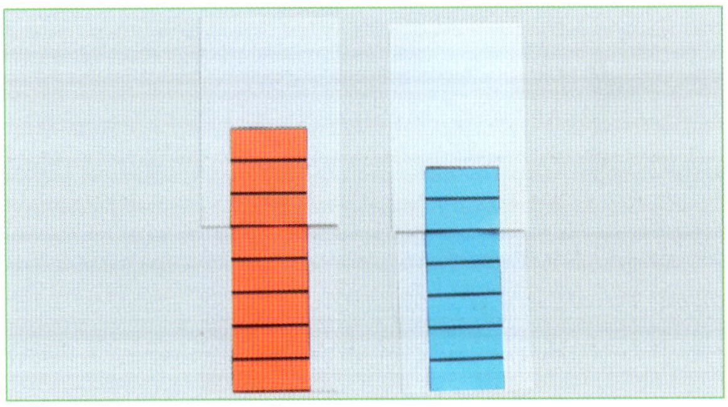

Je retourne les cartes pour faire deux tours. En choisissant le 3 rouge, j'ai perdu : aujourd'hui, pour gagner il faut que la tour bleue et la tour rouge aient autant de briques, qu'elles aient la même hauteur.

4

Je fais un deuxième exemple et après ce sera à vous. J'ai ces cartes.

5

Je choisis le 1 bleu.

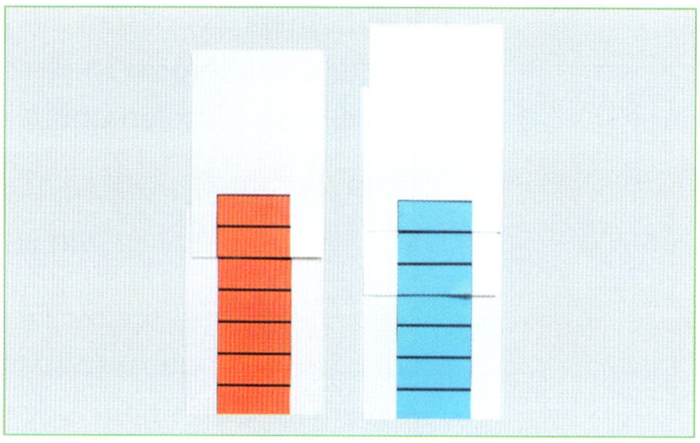

6

Je retourne les cartes. Cette fois j'ai gagné, avec le 1 bleu que j'ai choisi les deux tours sont de la même hauteur, il y a autant de briques bleues que de briques rouges.

7

C'est à vous de m'indiquer quelle carte je dois prendre.
Écrivez sur votre ardoise la carte que je dois prendre. Si vous pensez qu'il faut un 5 rouge, vous écrivez 5 avec le feutre rouge. Si vous pensez qu'il faut un 3 bleu, vous écrivez 3 avec le feutre bleu…

Précisions sur le matériel

- Ce jeu se déroule devant le tableau. On veillera à afficher très visiblement près de la zone où on pose les cartes du jeu quelques constellations de référence mettant en évidence certaines décompositions, par exemple celles-ci :

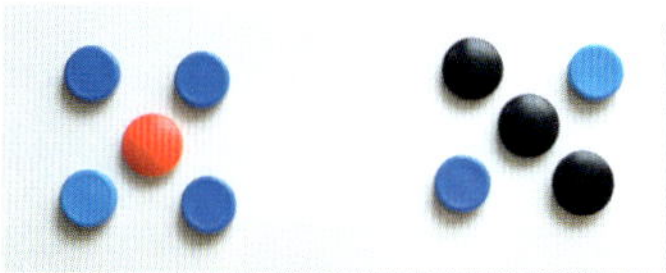
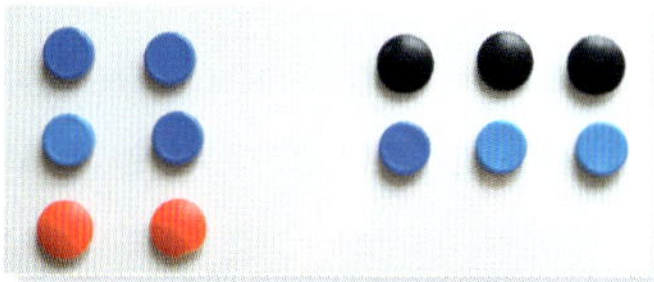

- Il ne s'agit pas d'exposer l'ensemble des décompositions que l'on peut utiliser, mais d'en mettre en évidence chaque jour trois ou quatre, puis de montrer pendant le jeu qu'elles peuvent aider à réussir.

Précisions sur le déroulement

- Quand le jeu est connu, chaque séance doit être précédée d'un bref moment d'observation et d'explicitation des décompositions évoquées ci-dessus. On dira par exemple :
  – 3 ronds noirs et 2 ronds bleus, c'est 5 ronds ; 3 et encore 2, c'est 5.
  – 3 ronds noirs et 3 ronds bleus, c'est 6 ronds ; 3 et encore 3, c'est 6.
  Au début l'enseignant fera lui-même ces descriptions, mais il demandera dès que possible aux élèves de le remplacer.

- Pour familiariser les élèves avec la situation, on utilisera des cas très simples comme :
  5 ; 3 / 5 ou 4 ; 2 ; 3 / 3 ; 4 où il suffit de réaliser deux collections identiques.
  5 ; 3 / 5 ; 2 ou 4 ; 2 ; 3 / 5 ; 2 ; 3 où une carte d'une couleur vaut 1 de plus qu'une carte de l'autre couleur, les autres étant identiques.

- Rapidement, on posera des problèmes plus riches :
  Calcul d'une somme : 4 ; 4 / rien ou rien / 3 ; 2 ; 1
  Calcul d'un complément : 6 / 3 ou 2 / 5

- Et de nombreux cas pour lesquels plusieurs procédures sont possibles comme :
  5 ; 2 ; 3 / 4 ; 2 ; 2 — 5 ; 6 / 4 ; 2 ; 3 — 5 ; 5 / 4 ; 4
  3 ; 4 / 2 ; 2 ; 2 — 6 ; 4 / 5 ; 3 ; 1

- Lors des échanges précédant le retournement des cartes pour validation, l'enseignant déplacera les cartes pour aider à suivre l'argumentation d'un élève ou celle qu'il propose.
  Pour 5 ; 6 / 4 ; 2 ; 3, on peut se souvenir que 4 et encore 2, c'est 6 et rapprocher les cartes en question pour mettre en évidence ce qui reste à comparer.

Dans la même situation, on peut aussi remarquer qu'il y a 3 et 2 du côté bleu et que 3 et 2 c'est 5. Dans ce cas on placera plutôt les cartes au tableau comme ci-dessous.

- Contrairement à « tours dessinées (1) », si on teste une réponse et qu'elle se révèle fausse, cela ne dit pas si les autres propositions sont correctes. Si les réponses sont très variées, l'enseignant ne cherchera pas à vérifier toutes les propositions, ce qui serait lassant. Il veillera cependant sur l'ensemble de la séance à ce que chaque élève soit valorisé.

Exemples de formulation des savoirs par l'enseignant

- 4 ; 2 ; 3 / 3 ; 4 : il y a 4 et 3 des deux côtés. Il y a aussi 2 briques rouges, il faut mettre 2 briques bleues.
- 3 ; 3 / rien : 3 briques et encore 3 briques, c'est 6 briques. Il y a 6 briques rouges, il faut 6 briques bleues.
- 3 ; 2 / 4 : *En montrant cette constellation :*
  3 briques et encore 2 briques c'est 5 briques.
  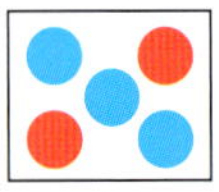
  En montrant cette constellation :
  5 c'est aussi 4 et 1, il faut 1 brique rouge.
  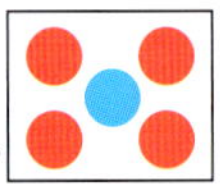
- 6 / 3 : *En montrant cette constellation :*
  6 c'est 3 et encore 3. J'ai déjà 3 briques bleues, j'en prends encore 3.
  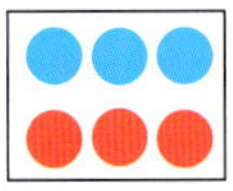

Ce que nous avons appris en maths

Nous avons appris à choisir le bon nombre de briques pour avoir autant de briques rouges que de briques bleues.

2	5

Au dos de ces cartes, il y a 2 briques rouges et 5 briques rouges.

5

Au dos de cette carte, il y a 5 briques bleues.

Pour avoir autant de briques bleues que de briques rouges, il faut prendre une carte avec deux briques bleues.

Voici d'autres exemples, votre enfant .... saura peut-être vous dire quelle carte il faut choisir mais c'est un travail difficile, il est normal qu'il ne sache pas répondre à tous ces problèmes.

2	5		5	3
2	5		1	4
5		2	2	2
3	4		4	1

17 La bataille d'aimants (2)

Période À partir de la période 4 (et après avoir utilisé la situation « bataille d'aimants 1 »).

Organisation Atelier dirigé d'environ 8 élèves avec l'enseignant devant le tableau.

Matériel Pour le groupe :

- Des aimants de tableau de trois couleurs et un feutre de chacune de ces couleurs.

Pour chaque élève :

- 3 tickets permettant de parier (les mêmes que dans « bataille d'aimants 1 »).

Présentation de l'activité aux élèves

1

Nous allons jouer à la bataille d'aimants avec une nouvelle règle.

2

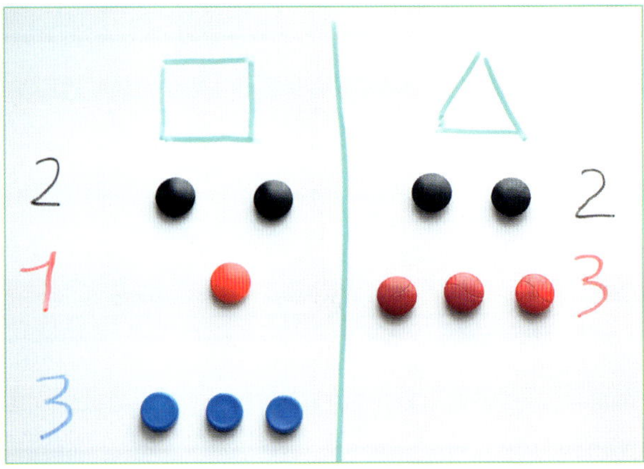

De chaque côté, j'écris en noir le nombre d'aimants noirs, en rouge le nombre d'aimants rouges… Vérifiez que je ne me suis pas trompé.

3

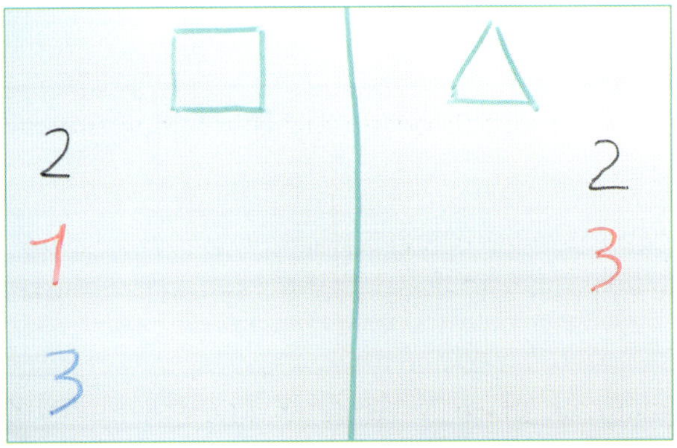

Maintenant, j'enlève les aimants, il faut choisir son ticket en regardant les nombres écrits pour se souvenir.
Louna, quel ticket choisirais-tu ? *Le carré.*
Tu as raison, il y a plus d'aimants du côté du carré. 3, 2 et 1 c'est plus que 3 et 2.
Tout le monde est d'accord ou il faut que je remette les aimants ?

4

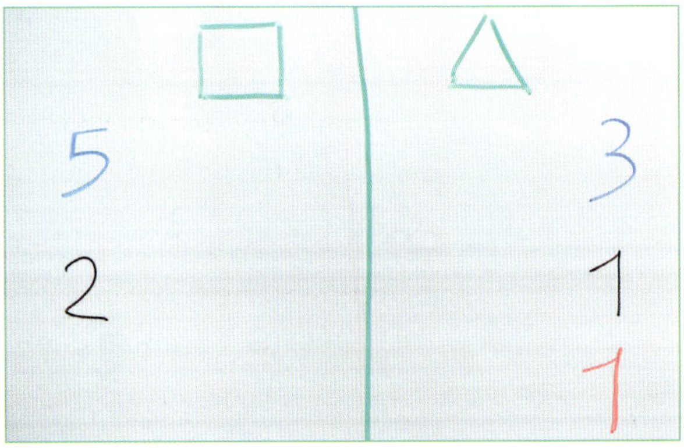

Cette fois, j'écris les nombres avant de mettre les aimants.
Je mettrai 5 aimants bleus et 2 noirs du côté du carré ; 3 bleus, 1 noir et 1 rouge du côté du triangle.

5

Choisissez votre ticket avant que je pose les aimants. Retournez-les maintenant.
Tout le monde n'est pas d'accord, Paul, tu as choisi le triangle, pourquoi penses-tu qu'il y a plus de points du côté du triangle ? *Il y a trois couleurs et là il y en a deux.*
Aïcha, peux-tu expliquer pourquoi tu as sorti le carré ? *3 et 1 et 1 c'est 5 et de l'autre côté il y a plus que 5.*
Qu'en pensez-vous ? Si après ces explications vous voulez changer de ticket, vous pouvez.

6

Finalement, qui avait raison ?

Précisions sur le déroulement

- Comme dans « bataille d'aimants (1) », l'enseignant dispose toujours chaque groupe d'aimants sous forme d'une constellation connue.
- Quand chaque élève a choisi un ticket, l'enseignant demande aux élèves d'expliquer leurs choix avant de placer les aimants. Il étaie les explications et enrichit éventuellement en proposant d'autres procédures.
- Quand le jeu est bien connu, l'enseignant ne place les aimants que si certains élèves semblent douter de la conclusion. Il peut alors utiliser des raisonnements s'appuyant sur les constellations comme dans « bataille d'aimants 1 » (en entourant des groupes, déplaçant des aimants…).
- Aligner les jetons par paires pour confirmer la comparaison comme dans « bataille d'aimants (1) » ne devrait être nécessaire que très exceptionnellement.

Exemples de formulation des savoirs par l'enseignant

Chaque formulation s'appuie sur des tracés ou des écrits au tableau qui soutiennent le raisonnement, comme pour les deux premiers exemples.

Formulations adaptées pour les valeurs 5 ; 2 (côté carré) et 3 ; 1 ; 1 (côté triangle), cas correspondant à l'étape 4 de la présentation de l'activité aux élèves.

- 3 et encore 1 c'est 4, 4 et encore 1 c'est 5. Il y a 5 points ici. Ici, il y en a 5 et encore 2. Il y a plus d'aimants du côté du carré.
- 1 et 1 c'est 2. 2 ici et 2 là c'est pareil, mais 5 c'est plus que 3, alors 5 et 2 c'est plus que 3 et 2.
- 3 et 1 c'est 4. 5 c'est plus que 4 et 2 c'est plus que 1 alors 5 et 2, c'est plus que 4 et 1.
- Ici il y a 5 aimants et encore 2. 5, 6, 7, il y a 7 aimants du côté du carré. 3, 4, 5, il y a 5 aimants du côté du triangle. 7 c'est plus que 5, il y a plus d'aimants du côté du carré.

Formulations adaptées pour ces valeurs : 3 ; 3 (côté carré) et 2 ; 2 ; 3 (côté triangle).

- 2 aimants et encore 2 aimants, c'est 4 aimants. De ce côté il y a 4 et 3, c'est plus que 3 et 3.

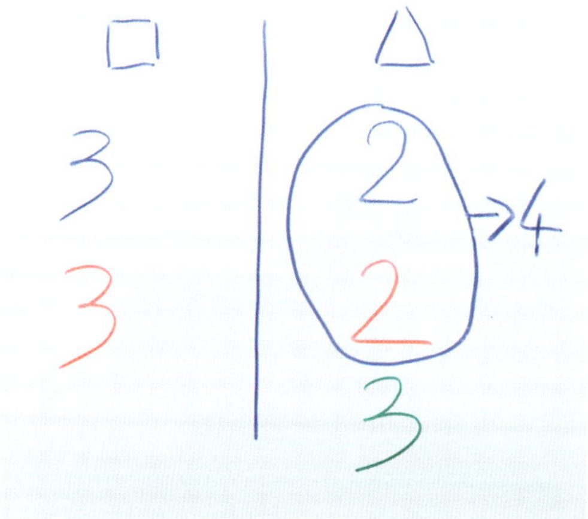

- Imaginez 3 aimants dans votre tête. Je peux en mettre 2 en bas et 1 plus haut. Côté triangle, il y a 2, 2 et 3 ; côté carré, il y a 1, 2 et 3, c'est moins.

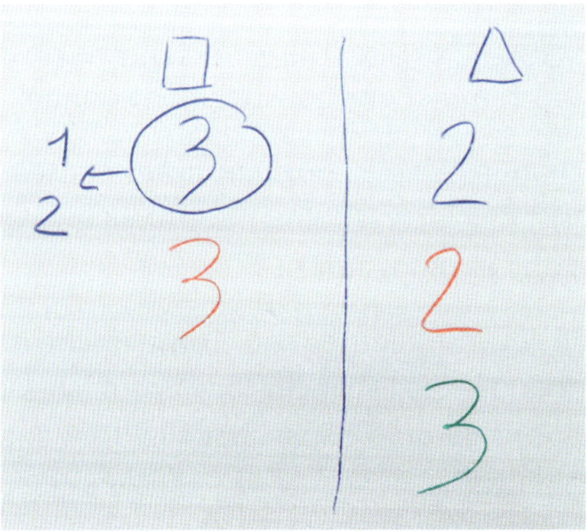

- 3 et encore 3 c'est 6. 3 et 2 c'est 5, 5 et 2 c'est 7. 7 c'est plus que 6. Il y a plus d'aimants du côté du triangle.

La bataille d'aimants (2)

Ce que nous avons appris en maths

Nous avons appris à trouver où il y aura le plus d'objets en utilisant seulement les nombres écrits.

Voici les nombres :

5
2

- Ici, nous dessinerons :
  5 points noirs
  2 points rouges

4
1
1

- Ici, nous dessinerons :
  4 points noirs
  1 point rouge
  1 point vert

De quel côté (carré ou triangle) y aura-t-il le plus de points ?

- Côté triangle, 4 points noirs et 1 point rouge, c'est comme 5 points.
  5 points et 2 points, c'est plus que 5 et 1, il y aura plus de points du côté du carré.
- Il y a beaucoup d'autres façons de trouver de quel côté il y aura plus de points.
- On peut dessiner les points et les compter pour être sûr qu'on ne s'est pas trompé.

1 Trois p'tits minous

Période Période 1 ou 2.

Matériel
- L'affiche du minou (en 5 exemplaires).
- 10 disques rouges et 10 bleus ou des aimants de deux couleurs différentes figurant les mitaines.

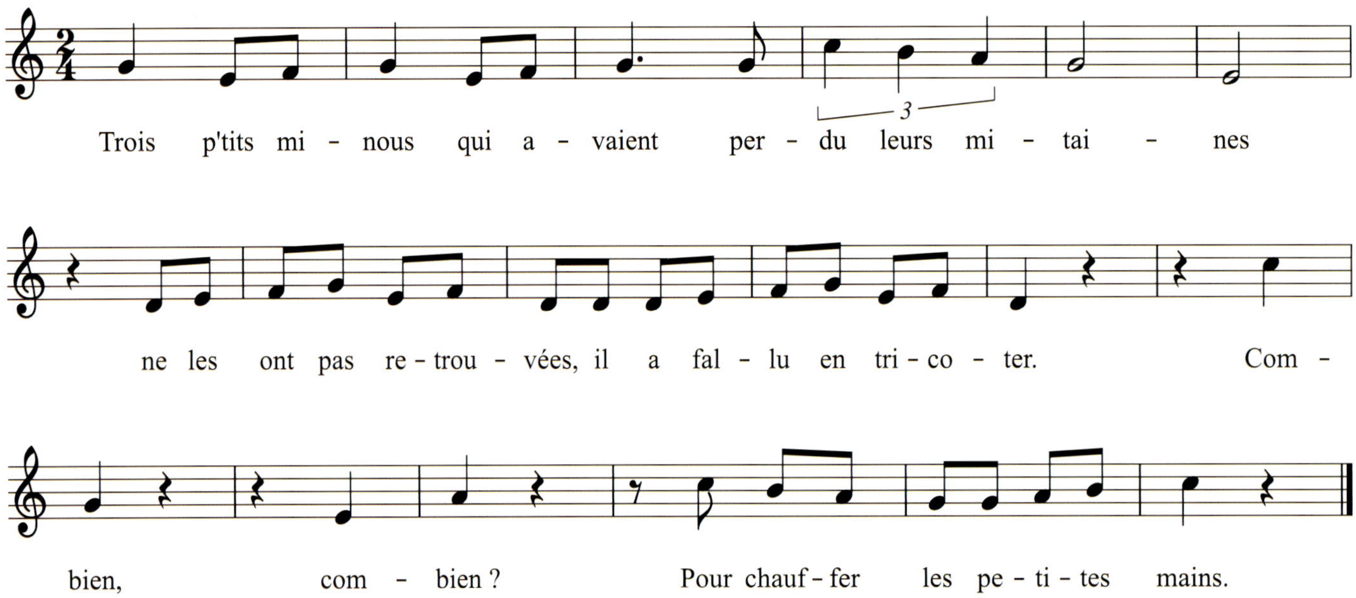

Déroulement

- Les dessins de trois minous sont affichés au tableau.
- Les premières fois, après avoir expliqué ce qu'est une mitaine, on compte les mains : il y en a 6.
- Après avoir chanté le couplet les enfants répondent à la question : *il faut 6 mitaines.* Puis l'un d'entre eux prend juste ce qu'il faut de mitaines et les affiche au tableau à côté des minous. Y a-t-il bien les 6 mitaines nécessaires pour les 6 mains ? Si on décide que chaque minou a une mitaine rouge et une bleue, c'est l'occasion d'afficher en mettant en évidence plusieurs façons de faire 6 : 6 mitaines c'est 2 mitaines pour le premier minou, 2 mitaines pour le suivant et 2 mitaines pour le dernier, mais c'est aussi 3 mitaines rouges et 3 bleues.

  Ces remarques sont faites rapidement, elles ne doivent pas prendre beaucoup plus de temps que la chanson elle-même.
- On dénombre à nouveau les mains quand on introduit un couplet avec 4 minous puis avec 5 minous.

2 Six singes sont assis

Période Périodes 2 ou 3.

Matériel Dessin avec une paire de singes (à imprimer en 5 exemplaires).

Déroulement

- Avant de faire entendre la chanson pour la première fois, l'enseignant affiche 3 paires de singes et explique ce qu'est une paire. Il fait remarquer que, comme le dit la chanson, il y a bien 3 paires de singes.
- Quand l'enseignant décide de poursuivre la chanson avec 8 singes (puis 10 singes), on prend le temps (avant de chanter) de remarquer que 8 singes c'est 6 singes et encore 2 singes et que c'est aussi 4 singes devant et 4 derrière ou 4 paires comme le dit la chanson.

3 Les radis

Période Périodes 2 ou 3.

Déroulement

- Avant chaque couplet l'enseignant ou un élève décide les nombres de filles et de garçons qui vont être chantés. L'enseignant rappelle qu'il faut un radis pour chaque enfant : un pour chaque fille et un pour chaque garçon. Il demande combien il faut de radis en tout.
  Si les nombres choisis ne permettent pas aux élèves de trouver mentalement la somme, l'enseignant fait lever le nombre indiqué de filles et de garçons et fait procéder au comptage.
  Si la somme est nettement supérieure à dix, le dénombrement sera effectué de préférence comme dans la situation 3 « Combien sommes-nous ? » et non en comptant d'un en un.

- On cherchera un équilibre entre les cas qui utilisent des grands nombres qui peuvent amuser et éveiller la curiosité et les cas plus simples dont la répétition contribue à la mémorisation (3 et 2, 3 et 3, 4 et 4, 7 et 1, 1 et 6…).

4 L'araignée

Période Période 2 si on utilise les dessins montrant tous les pieds ; à partir de la période 3 si on utilise un cache sur les pieds accrochés ou levés.

Matériel Les 9 affiches avec les dessins de l'araignée sur son fil.

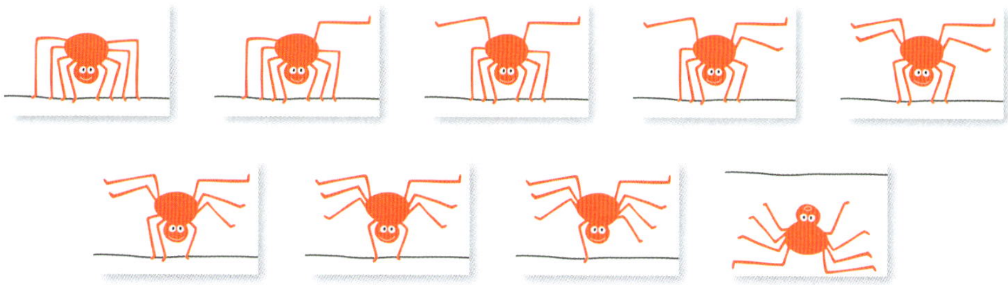

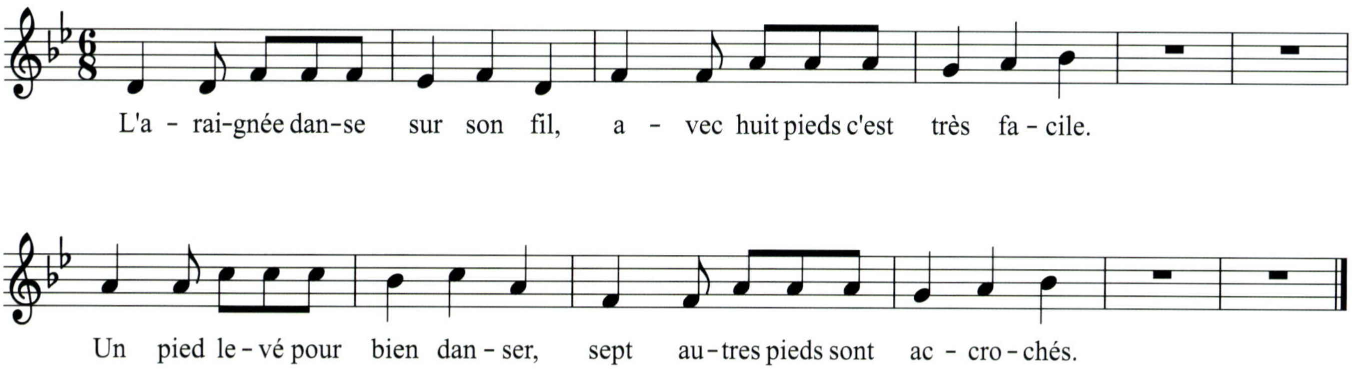

Déroulement

- On ne chante pas toujours tous les couplets. Le plus souvent l'enseignant ou un enfant choisit deux ou trois affiches représentant l'araignée, par exemple avec deux pieds levés puis quatre pieds levés. Avant d'entamer le chant on essaie de retrouver combien de pieds sont accrochés dans chaque situation et les premières fois on les compte si nécessaire. Quand le chant est mieux connu, l'enseignant place un cache sur les pieds accrochés ou sur les pieds levés.
- Le chant se termine toujours par le couplet « *huit pieds levés pour bien danser, l'araignée se casse le nez* ».

5 Dix petits oiseaux

Période À partir de la période 3.

Matériel Une quarantaine d'oiseaux en papier réalisés sous forme de cônes décorés à placer sur les doigts des enfants qui participent au jeu.

Déroulement

- Pendant qu'on chante le premier couplet, un seul enfant montre ses dix doigts portant chacun un oiseau en papier.
- Pour chaque couplet suivant un enfant de plus montre dix oiseaux. Dans le texte de la chanson, on remplace alors « dix jolis oiseaux » par « vingt jolis oiseaux » puis « trente jolis oiseaux ».
- La chanson se termine quand il y a 40 oiseaux par :

Sur nos petits doigts plein de beaux oiseaux
sont perchés pour se préparer à s'envoler là-haut.
Sur nos petits doigts tous ces beaux oiseaux,
on ne sait pas les compter il y en a trop.

6 Les oies

Période Périodes 3 ou 4.

Matériel 1 affiche représentant trois oies en vol (à imprimer en 4 exemplaires).

Déroulement

- L'enseignant affiche le dessin de 3 oies et on chante le premier couplet.
- Après chaque couplet, l'enseignant regroupe les oies des couplets précédents et ajoute 3 oies à une certaine distance des autres. Par exemple, pour le troisième couplet dans lequel on chante « *six oies déjà parties et les trois que voici, j'ai vu passer neuf oies au-dessus de chez moi* », il y a sur le tableau un groupe de 6 oies et un autre de 3 oies. Avant de chanter ce couplet l'enseignant fait remarquer qu'il y a 9 oies en tout : 6 déjà parties et les 3 que voici.

7 L'escargot

Période Périodes 3 ou 4.

Matériel
- 1 affiche A3 ou A4 représentant l'escargot.
- 10 cartes A4 ou A5 recto verso représentant un gâteau en bon état d'un côté, écrabouillé de l'autre.

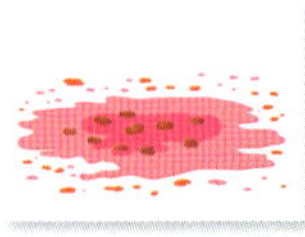

Déroulement

- Avant chaque couplet l'enseignant ou un élève répartit les dix cartes gâteaux sur l'escargot (en bon état) ou au sol (écrabouillés). On prend le temps d'observer et de commenter pour savoir ce que l'on va chanter.
- Le nombre de gâteaux tombés augmente à chaque couplet, mais on saute des étapes pour que la chanson ne soit pas trop longue.
- La chanson se termine à chaque fois par le couplet « *Les dix gâteaux sont tombés, ils sont tout écrabouillés, nous n'aurons rien à manger pour le goûter.* »

8 L'omelette

Période À partir de la période 4.

Matériel
- 1 affiche représentant 5 œufs blancs (à imprimer en 2 exemplaires).
- 5 cartes représentant des œufs gris (à imprimer en 2 exemplaires).

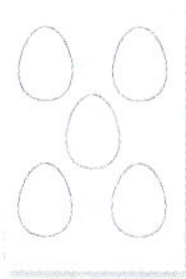

Déroulement

Avant de chanter l'enseignant affiche deux groupes d'œufs :

- Le premier groupe comporte 10 œufs blancs et 7, 8 ou 9 œufs gris. Le nombre chanté dans la première partie du couplet explicite toujours la décomposition : « *dix et encore sept se dit dix-sept.* »
- Le second groupe comporte 10 œufs blancs et un nombre d'œufs gris compris entre 1 et 6. Le nombre chanté dans la seconde partie du couplet n'explicite jamais la décomposition : « *dix et encore deux ne se dit pas dix-deux, dix et encore trois ne se dit pas dix-trois.* »

Domaine non numérique

Situations

1

Le tableau

Période Période 1.

Organisation Travail individuel au sein d'un atelier d'environ 8 élèves.

Matériel

Pour chaque élève :

- 1 tableau à double entrée rempli.
- 1 jeu de 20 cartes (5 formes, 4 couleurs).
- 20 caches à réaliser à partir d'une grille de rectangles.
- 1 enveloppe.
- 1 bol.

Pour le groupe :

- 4 tableaux supplémentaires.

Présentation de l'activité aux élèves

1

Vous allez jouer chacun avec un tableau comme celui-ci. Je vous montre.
Avant de jouer, je regarde bien comment sont placés les dessins.

2

Je place un cache sur chaque dessin.

3

Je prends une carte dans mon enveloppe.

4

J'enlève un cache… le dessin de la case est le même que celui de ma carte, j'ai réussi.

5

Je range le cache et le rond bleu dans le bol puis je prends une autre carte dans mon enveloppe.

6

J'enlève un cache, cette fois le dessin n'est pas le même, c'est un carré bleu et pas un carré vert. Je me suis trompé.

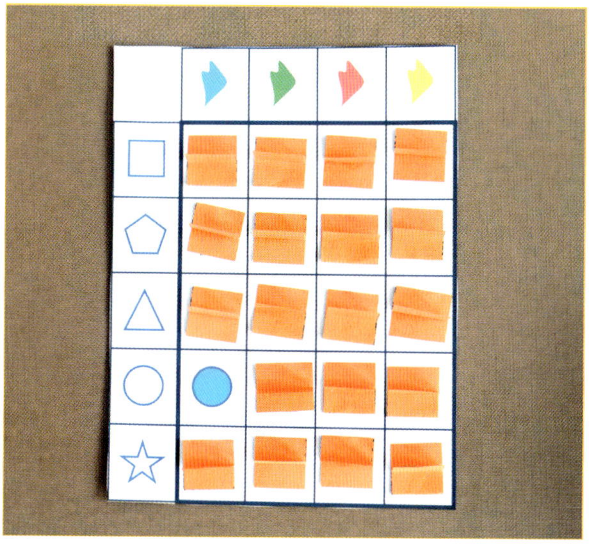

7

Je remets le cache sur le carré bleu et je remets le carré vert dans l'enveloppe. Ensuite je tire une nouvelle carte et je continue comme ça jusqu'à ce que j'aie placé tous les caches et les cartes dans mon bol.

Précisions sur le matériel

- Les tableaux sont fournis en deux versions sur le CD : 8 tableaux différents en couleurs qu'on peut imprimer pour travailler immédiatement et 4 tableaux différents destinés à être coloriés par les élèves avant d'entamer le travail.
  La phase préparatoire de coloriage par les élèves est une occasion de commencer à comprendre l'organisation des tableaux puisqu'on colorie tous les dessins d'une même colonne de la même couleur.

- Pour qu'il soit possible de prendre un cache sans faire bouger les autres, il doit comporter une partie saillante. Nous proposons des grilles de rectangles à découper. Chaque cache est obtenu en pliant un rectangle en deux parties égales puis en pliant à nouveau une des parties. On termine en mettant un point de colle dans le pli creux. Les élèves peuvent réaliser ce matériel.

- Sur le CD, deux versions de la fiche « Ce que nous avons appris en maths » sont proposées. L'une en couleurs peut-être imprimée directement. L'autre doit être coloriée par les enfants avant d'être collée dans le cahier ou rangée dans le classeur.

Précisions sur le déroulement

- Dans la version décrite, il y a de moins en moins d'emplacements possibles, l'élève voit qu'il s'approche de la fin, ce qui peut l'encourager à persévérer.

Exemples de formulation des savoirs par l'enseignant

- Tous les carrés sont sur une même ligne.
- Toutes les figures rouges sont dans une même colonne.
- Le triangle bleu est dans la ligne des triangles, il est aussi dans la colonne bleue.
- Pour bien placer une figure il faut trouver sa ligne et sa colonne.

Prolongements et variantes

Faire remettre le cache sur les cases qui ont été trouvées. La difficulté reste ainsi constante jusqu'au bout.

Ce que nous avons appris en maths

Nous avons appris à retrouver la place des dessins dans un tableau comme celui-ci quand ils sont cachés.

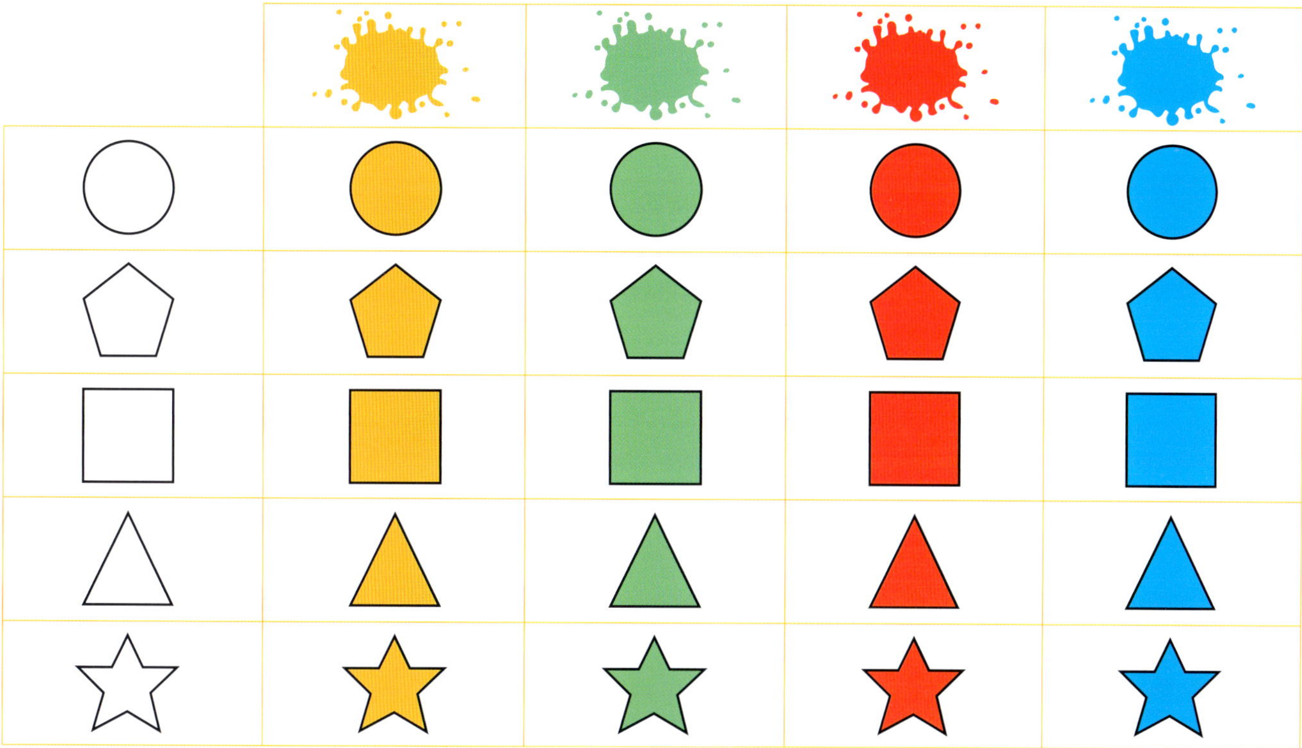

 Ce dessin est dans la ligne du triangle et dans la colonne verte.

2 Dessiner un triangle

Période Périodes 1 et 2.

Organisation Travail en binôme. Les élèves dessinent à tour de rôle et valident ensemble le résultat obtenu.

Matériel Pour chaque binôme :

- 1 ardoise blanche aussi grande que possible.
- 1 feutre effaçable.
- 1 bouchon de bouteille de lait fixé au centre de l'ardoise.
- 3 bandes de couleur cartonnées.
- 1 règle plate (mais pas dans les premières séances).

Présentation de l'activité aux élèves

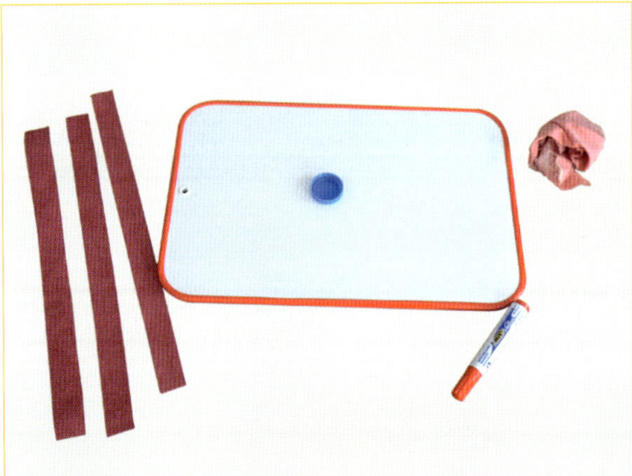

1

Je vais vous demander de faire quelque chose de difficile.
Vous ne réussirez peut-être pas du premier coup, ce n'est pas grave, vous pourrez essayer autant de fois que vous voudrez.
Chaque enfant aura une ardoise avec un bouchon, un feutre pour écrire dessus et un chiffon pour effacer.
Il faudra aussi trois bandes bien droites.

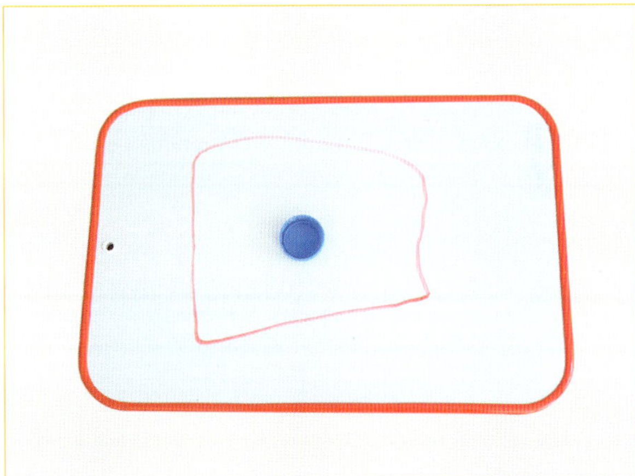

2

Je vais faire le travail une fois pour vous montrer.
Je trace une ligne fermée autour du bouchon.
Ton travail difficile, il n'est vraiment pas dur du tout, même les petits, ils pourraient le faire.
J'aimerais terminer, Arthur : ce n'est pas sûr que mon travail soit réussi.

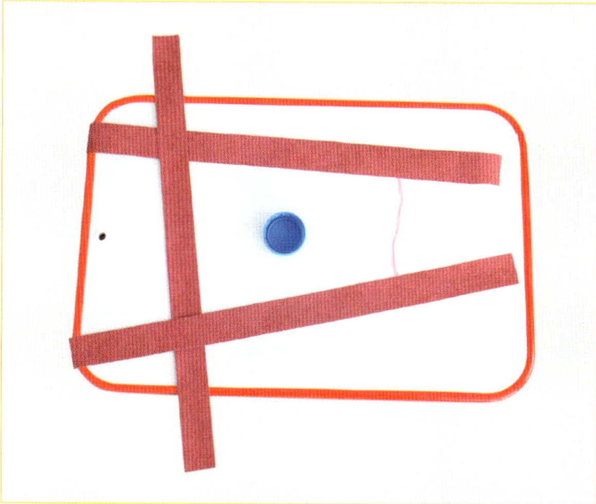

3

Pour savoir si j'ai réussi, je prends les trois bandes de carton et j'essaie de cacher tout ce que j'ai dessiné.
Si je peux cacher toute ma ligne avec les trois bandes j'ai gagné, sinon, j'ai perdu.
J'ai perdu !

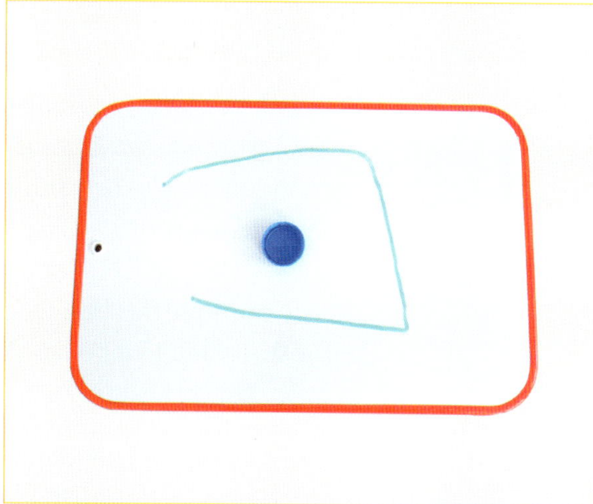

4

Qui veut essayer ? Jordan ?
Jordan a-t-il réussi ? *Il faut prendre les bandes.*
Pas encore, Jordan a oublié quelque chose, la ligne doit être fermée. Alors avant de prendre les bandes, Jordan, tu vas modifier ton dessin ou recommencer pour que la ligne soit bien fermée.

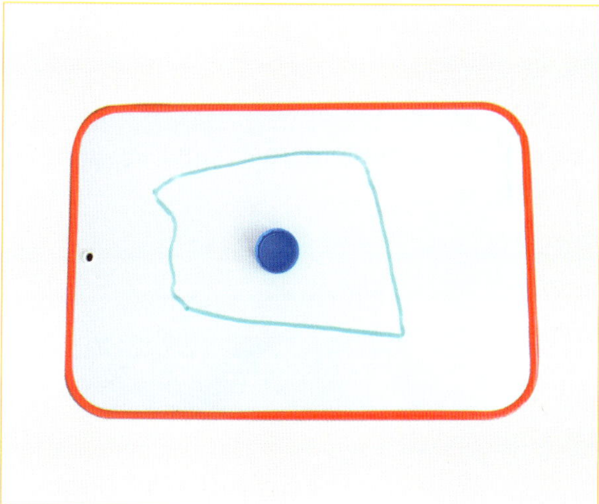

5

Maintenant tu peux placer les bandes pour voir si tu as gagné, essaie de cacher ta ligne avec les trois bandes.

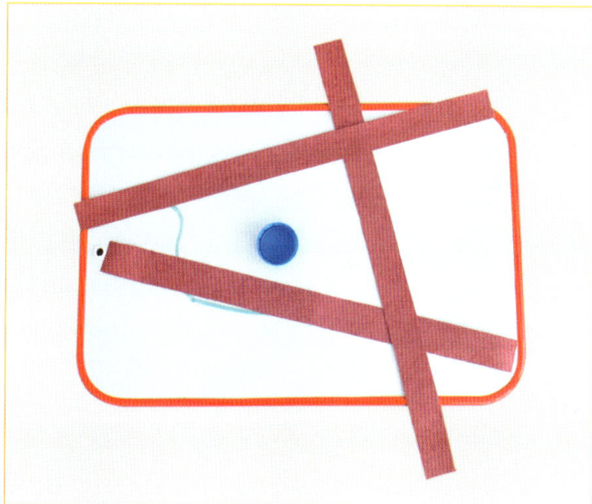

6

Alors, as-tu gagné, Jordan ?
Oui, euh, enfin non, on voit un petit bout de trait…
Tu as raison. Je vous avais dit que c'est un travail difficile.

Précisions sur le matériel

- Lors des premiers essais, les bandes fournies pour valider sont assez larges (2,5 à 3 cm environ). On prévoit plusieurs lots de bandes plus étroites pour la suite. Prévoir aussi des bandes de couleurs différentes, voir « Précisions sur le déroulement ».
- Remplacer le bouchon par un disque en carton mince facilite le geste graphique mais il est alors possible de juxtaposer les bandes pour cacher à la fois la figure dessinée et ce disque. Cependant, après quelques séances, poser les bandes autour de l'objet central et non sur lui deviendra une règle implicite, on pourra alors utiliser un disque.

Précisions sur le déroulement

- Dès que la tâche devient trop simple l'enseignant propose de recommencer avec des bandes plus minces. Quand les bandes utilisées sont bien minces (environ 5 mm), les élèves se rendent compte que pour réussir il faut tracer des traits droits. Il est probable que certains enfants essaieront d'utiliser les bandes fournies pour la validation pour tracer des lignes droites. L'idée est excellente d'un point de vue mathématique mais peu efficace d'un point de vue pratique (les bandes sont trop légères, trop étroites et trop fragiles pour être utilisées comme guide). L'enseignant peut alors fournir des règles plates (si possible non graduées) et proposer de les utiliser.

- On peut utiliser des bandes de couleurs différentes, comme les ceintures de judo, pour marquer les progrès accomplis. Un élève qui réussit avec les bandes vertes trois fois de suite (dont au moins une vérifiée par l'enseignant) peut passer à des bandes légèrement plus minces.

- Il n'est pas nécessaire de parler de triangle au début de l'activité car on peut réussir en traçant des lignes fermées assez éloignées d'un triangle. Quand les élèves auront progressé et pris conscience que pour réussir il faut essayer de tracer des traits bien droits, l'enseignant dira que les dessins qu'on obtient dans ce travail s'appellent des triangles.

Exemples de formulation des savoirs par l'enseignant

- Une ligne fermée faite avec trois traits bien droits est un triangle.
- Tous les cercles se ressemblent, tous les carrés se ressemblent, mais pour les triangles, c'est plus compliqué, ils ne se ressemblent pas tous.
- Tracer un trait bien droit c'est très difficile, c'est plus facile avec une règle :
  Pour tracer un triangle on peut tracer trois traits bien droits qui se coupent, ce n'est pas grave si ça dépasse comme ça :
  Si on veut, on peut effacer ensuite les morceaux qui dépassent.

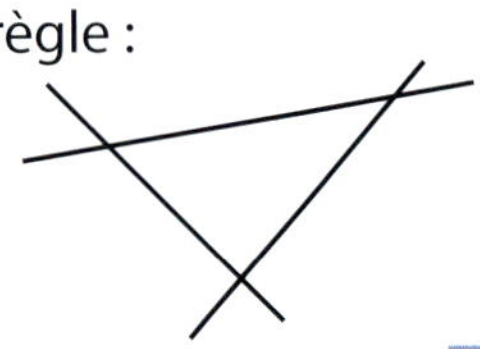

Prolongements et variantes

Pour proposer aux élèves qui le souhaitent des défis difficiles, l'enseignant peut préparer trois ou quatre ardoises de la façon suivante :

1. Tracer sur l'ardoise un triangle dont les sommets sont situés près des bords.
2. Découper une forme en carton qui, placée à l'intérieur du triangle, s'approche de chaque côté.
3. Fixer cette forme sur l'ardoise à l'aide de pâte adhésive puis effacer le triangle.

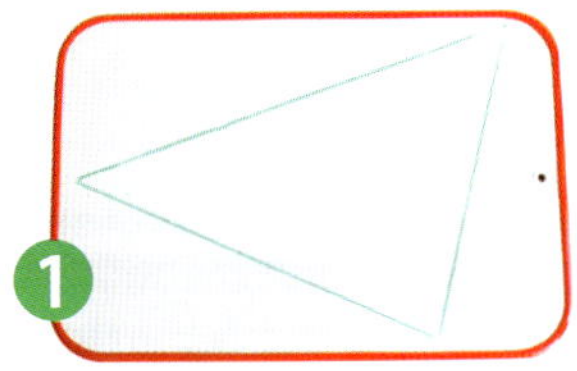

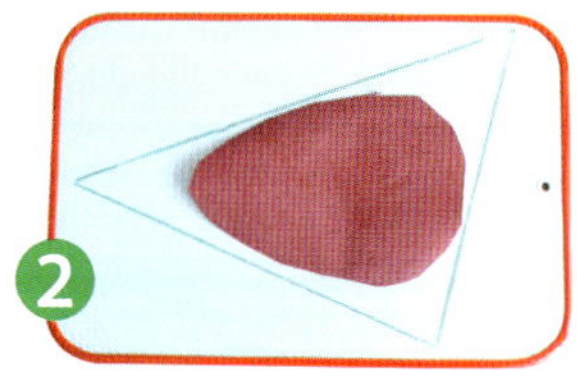

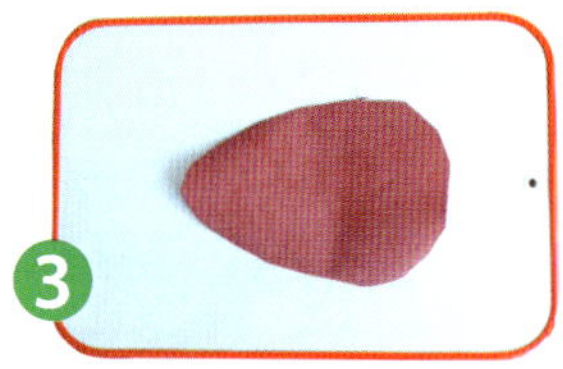

On s'assure ainsi que tracer un triangle autour de la forme en carton est difficile mais possible.
La validation se fait à l'aide des bandes les plus minces dont on dispose.

Dessiner un triangle

Ce que nous avons appris en maths

Nous avons appris à dessiner des triangles.

Pour dessiner un triangle, il faut tracer trois traits bien droits.

Il faut aussi que les trois traits fassent une ligne fermée.

- Pour tracer des traits bien droits, on peut s'aider d'une règle.

Ce n'est pas un triangle parce qu'il n'est pas fermé.

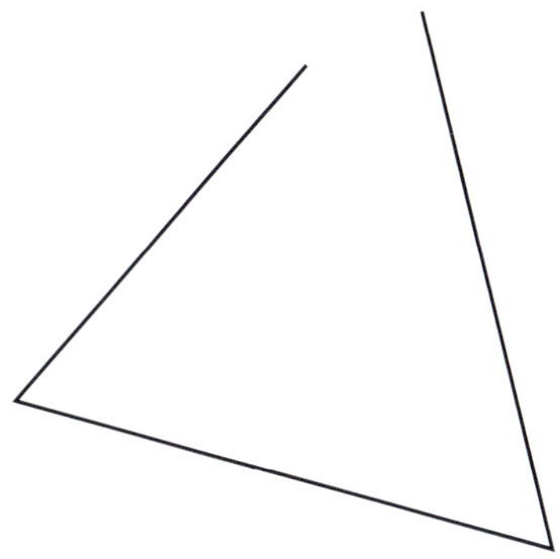

Ce n'est pas un triangle parce qu'un des traits n'est pas droit.

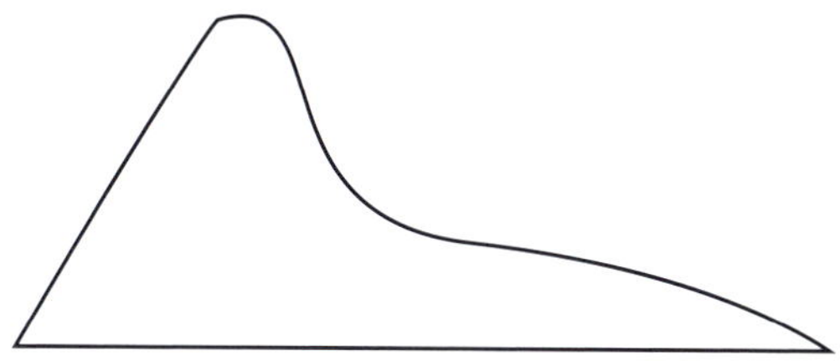

- Les triangles ne se ressemblent pas tous.

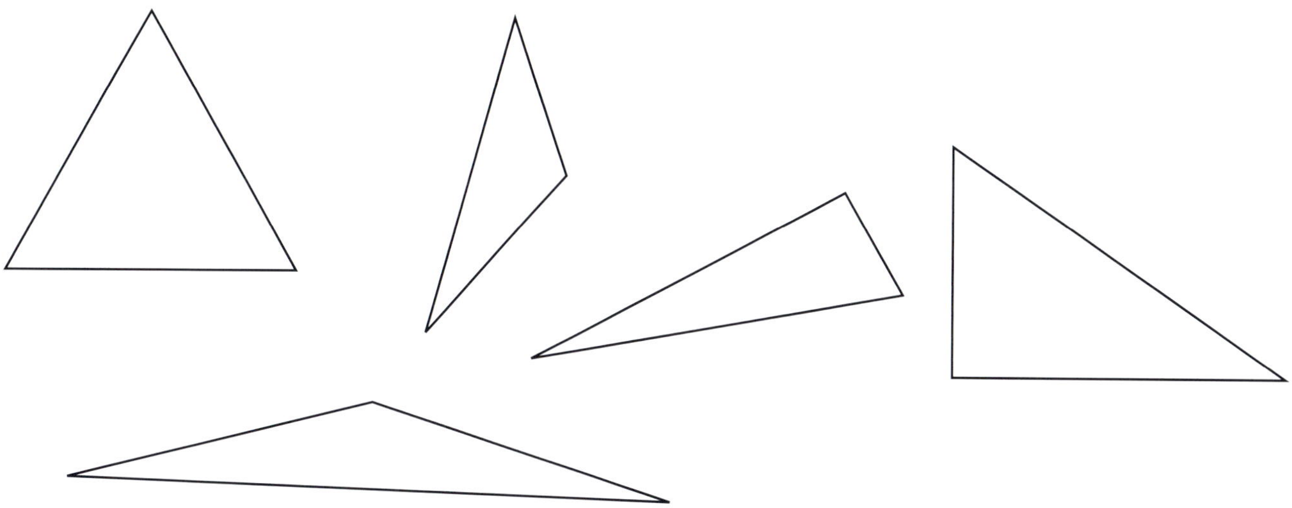

3 Les papiers pliés

Période Périodes 1 et 2.

Organisation Ce travail est possible à la fois en atelier ou en plus grand groupe (demi-classe ou classe entière).

Matériel
- Environ 12 formes découpées dans un papier dont les deux faces ne sont pas de la même couleur. Toutes ces formes ont un pli, la moitié environ sont symétriques par rapport à ce pli.
- 1 ticket vert et 1 rouge par élève pour parier.
- 1 tapis placé au centre de la table.
- Des jetons pour marquer les scores

Présentation de l'activité aux élèves

1

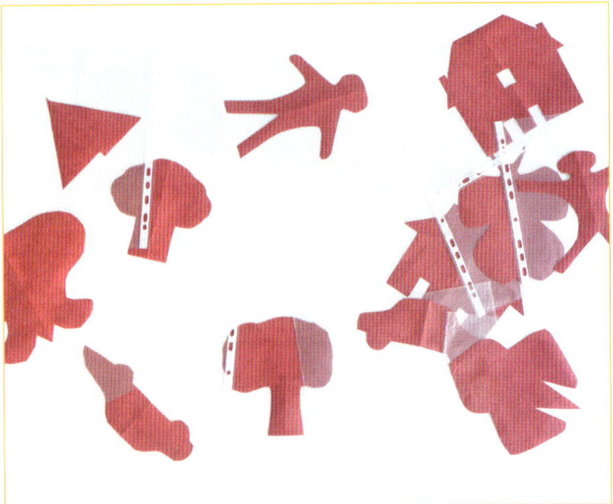

Nous allons travailler avec ces formes en papier.

2

Toutes ces formes ont un pli.
Quand je sors une forme de sa pochette et que je la replie, quelquefois les deux côtés se recouvrent exactement comme celle-ci.

3

Quelquefois les deux côtés ne se recouvrent pas exactement comme celle-ci
Il faut toujours retourner la forme pliée pour regarder des deux côtés : d'un côté on peut croire que les deux parties de l'arbre se recouvrent bien, quand on retourne on voit que ce n'est pas vrai.

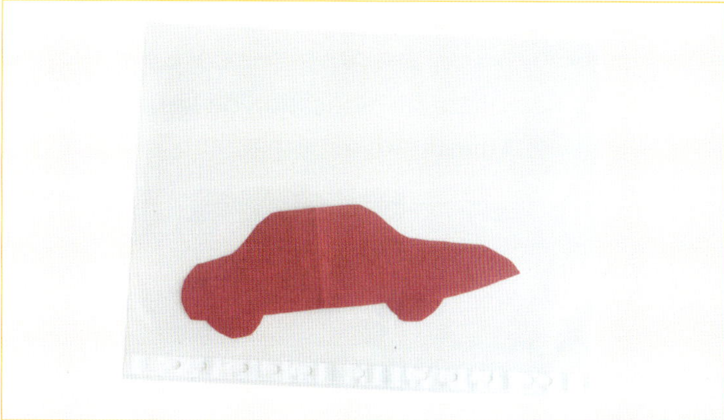

4

Je vais maintenant sortir cette forme de sa pochette, pensez-vous que les deux parties vont se recouvrir exactement ? Ceux qui pensent que oui, les deux parties se recouvriront exactement, vous placez votre ticket vert au milieu de la table. Ceux qui pensent que les deux parties ne se recouvriront pas exactement, vous placez votre ticket rouge au milieu de la table.

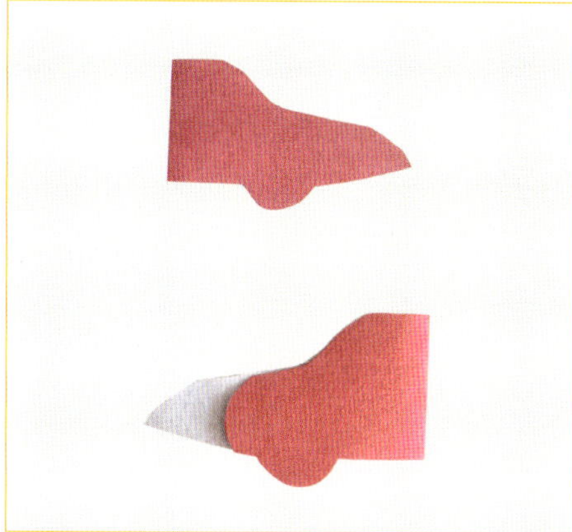

5

Maintenant que tout le monde a parié, je sors la forme et je la plie pour vérifier.
Ceux qui ont parié avec le ticket vert ont perdu.

Précisions sur le matériel

- À chaque séance on utilise environ une douzaine de formes, mais il faut en préparer au moins le double, les formes utilisées changeant d'une séance à l'autre.
- Il ne faut pas que les élèves puissent réussir seulement en se souvenant que « pour la maison ça se recouvre bien mais pas pour le bonhomme ». Pour éviter cela, on peut fabriquer les formes ainsi :
  1 On plie une feuille en quatre ou on superpose les plis de deux feuilles que l'on découpe simultanément.
  2 On obtient ainsi deux formes symétriques identiques.
  3 Ensuite on apporte quelques modifications à l'une des deux afin de briser la symétrie.

On ajoutera à ces formes fabriquées deux par deux quelques formes manifestement non symétriques (les deux parties ne se ressemblent pas du tout ou n'ont pas du tout la même taille) et quelques formes où les deux parties sont identiques mais pas placées correctement comme celles-ci :

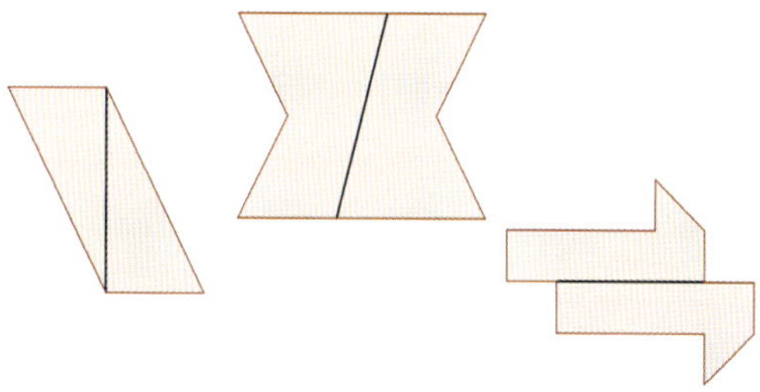

- Les pochettes transparentes permettent aux élèves qui souhaitent observer les formes de plus près pour se décider, de pouvoir les manipuler sans risque qu'elles se replient.
- Si on décide de jouer en grand groupe, les formes sont réalisées dans un format plus grand et fixées au tableau sans pochettes.

Précisions sur le déroulement

Ce travail doit absolument être précédé d'une phase de fabrication de figures symétriques par pliage et découpage, en vue de réalisations plastiques par exemple.

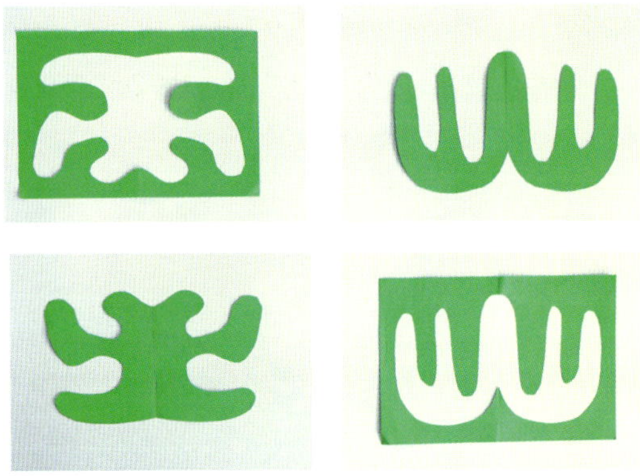

Exemples de formulation des savoirs par l'enseignant

- Quand les deux parties se recouvrent exactement en pliant, on dit que la forme est symétrique.

Après avoir joué plusieurs fois, l'enseignant utilisera donc le terme « symétrique » dans le déroulement du jeu, d'abord de façon redondante : « cette figure est-elle symétrique, les deux morceaux vont-ils se recouvrir exactement en pliant ? » puis de façon autonome : « cette figure est-elle symétrique ? ».

- Dans une forme symétrique, les deux morceaux de chaque côté du pli sont exactement pareils.
- Si on place le pli debout bien droit, c'est plus facile de voir si la figure est symétrique.
- Il y a des formes avec deux morceaux pareils mais qui ne sont pas placés comme il faut pour se recouvrir quand on plie : elles ne sont pas symétriques.

<u>Remarque</u> : Dans la situation que nous proposons, les élèves rencontrent toujours des figures avec un pli marqué. Nous n'envisageons pas les autres façons de plier la même figure. C'est pourquoi nous avons choisi de laisser implicite la question de l'axe de symétrie.
Si le pli fourni n'est pas un axe de symétrie, nous choisissons de dire que la figure n'est pas symétrique.

Nous proposons par exemple de dire que cette figure n'est pas symétrique…

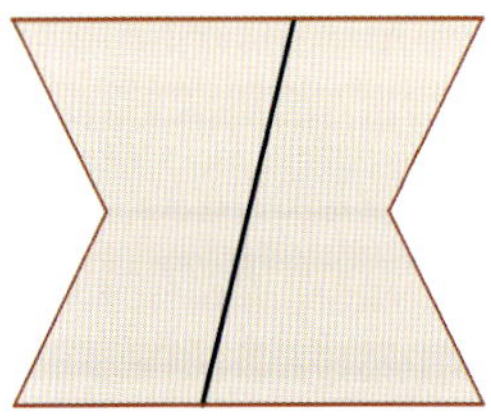

…alors que, si on ne tient pas compte du pli déjà marqué, elle possède deux axes de symétrie.

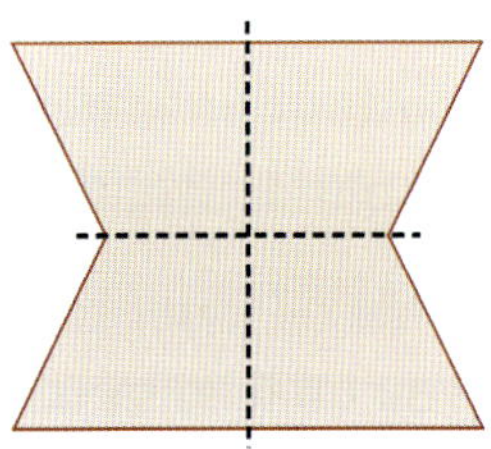

Les papiers pliés

Ce que nous avons appris en maths

**Nous avons appris à reconnaitre les formes symétriques :
quand on les plie en deux, les deux parties se recouvrent exactement.**

Votre enfant .... peut vous dire quelles sont les formes symétriques sur cette feuille.

4 Le plus grand train

Période Périodes 2, 3, 4.

Organisation En binôme, plusieurs parties pouvant se dérouler simultanément au sein d'un atelier.

Matériel Pour deux joueurs :

- 15 baguettes de 6 cm à 15 cm environ découpées un peu au hasard si bien que certaines d'entre elles ont des longueurs presque égales.
- 2 bouchons.

Présentation de l'activité aux élèves

1

Je vais vous apprendre un jeu qui se joue à deux. Jade, tu veux bien jouer avec moi pour montrer ?

2

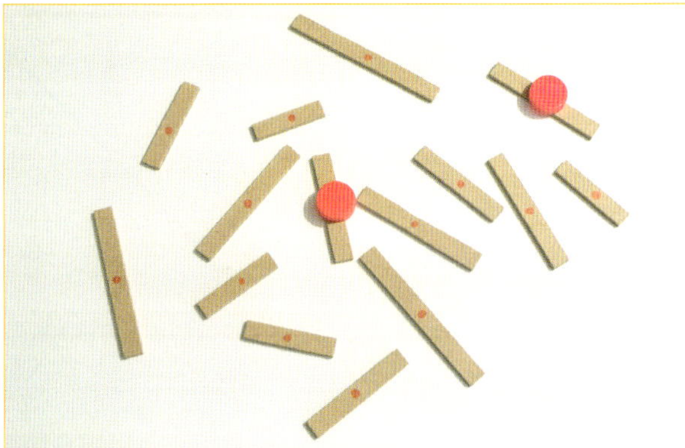

Pour commencer je choisis deux baguettes sans les déplacer et je pose les deux bouchons sur ces baguettes.

3

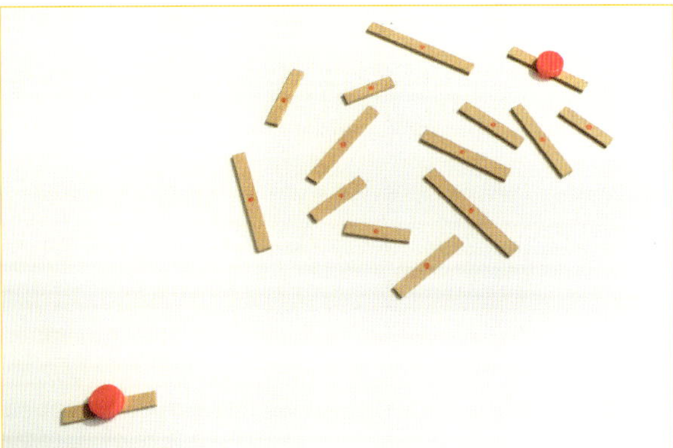

Une de ces baguettes sera pour moi et l'autre pour toi, Jade. C'est toi qui choisis. Si tu veux gagner la partie, il vaut mieux que tu prennes la plus grande des deux mais tu dois choisir sans déplacer les baguettes.
Tu as choisi, je prends la baguette qui reste.
Maintenant, Jade, c'est à toi de poser les bouchons puis je choisirai ma baguette.

4

Les joueurs alternent ainsi les rôles jusqu'à cette situation.
Dans ce jeu, quand il ne reste que trois baguettes, c'est terminé, il n'y a plus qu'à savoir qui a gagné. Pour ça nous allons faire chacun un grand train avec nos baguettes, celui qui a le plus grand train a gagné.

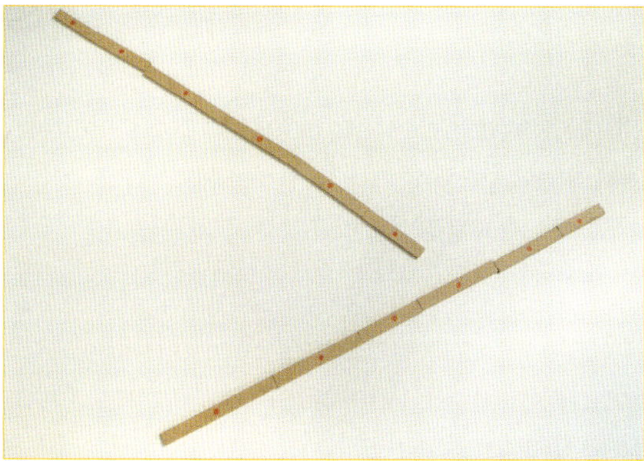

5

Alors Jade, penses-tu que tu as gagné ou que j'ai gagné ? *Euh, c'est pareil.*

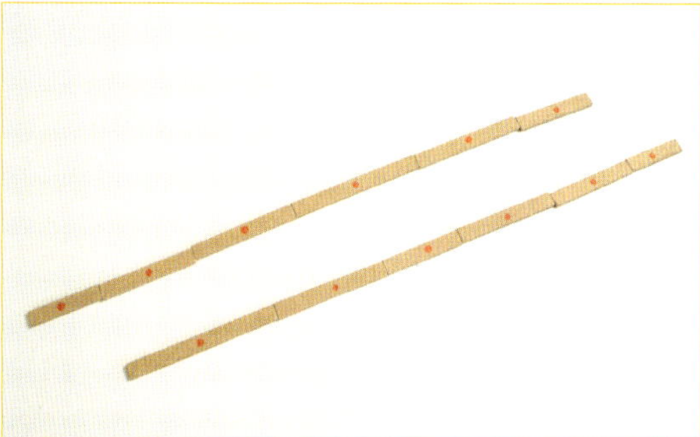

6

C'est presque pareil, en rapprochant nos deux trains on verra peut-être mieux.
C'est encore pareil.
Peut-être, de ce côté ton train dépasse et de celui-ci c'est le mien qui dépasse, on ne peut pas savoir lequel est le plus long, nous allons essayer autre chose…

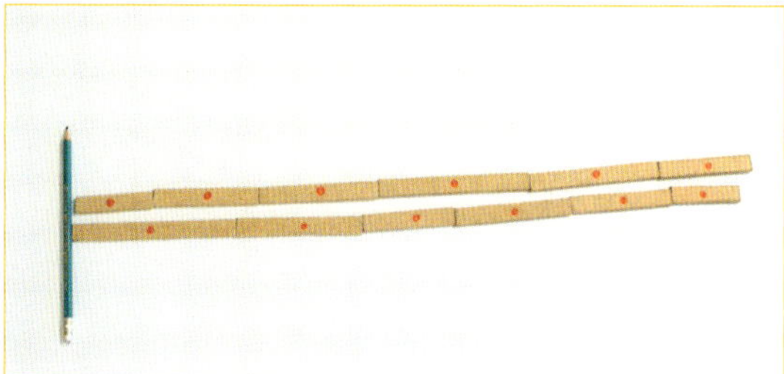

7

En faisant commencer les deux trains au même endroit, on voit que celui de Jade dépasse un peu, Jade a gagné parce que son train est plus long que le mien.

Précisions sur le matériel

- Le point de couleur sur les baguettes n'a pas de fonction dans le jeu, il sert à éviter le mélange de matériel quand plusieurs parties se déroulent côte à côte.
- Si le jeu comportait seulement 12 baguettes, le dernier joueur à placer les bouchons n'aurait plus aucun choix. Le hasard pourrait faire qu'il ne reste plus que deux baguettes de longueurs très différentes. Ce joueur aurait alors perdu la partie même s'il n'a fait que des choix pertinents avant. C'est pourquoi il est important de disposer de 15 baguettes bien qu'on n'en utilise que 12.

Précisions sur le déroulement

- Bien que le jeu se joue à deux, on peut préférer former des groupes de trois élèves, deux jouent et le troisième est le « maitre du jeu », il est garant du bon respect des règles. Un atelier peut ainsi comporter six parties successives, chaque binôme possible dans le trio en jouant deux.
- Dans la partie de présentation, quand le maitre place les bouchons il choisit deux baguettes de longueurs proches. Il n'est pas nécessaire d'expliquer pourquoi aux élèves. Quand ils commenceront à jouer, certains choisiront une grande baguette et une petite… et seront très déçus de voir l'autre joueur prendre la grande. Ils ne le referont plus.
- Après chaque choix de deux baguettes, les enfants ont souvent envie de savoir qui a pris la plus longue. Bien que ce ne soit pas nécessaire au déroulement du jeu, on les laissera évidemment comparer en rapprochant les baguettes puisque cela fait partie des savoirs travaillés à l'occasion de ce jeu.

Exemples de formulation des savoirs par l'enseignant

Formulations adaptées au jeu initial :

- Pour comparer deux trains, il vaut mieux les placer parallèles et pas trop loin l'un de l'autre. C'est plus facile de dire quel train est le plus long comme ça :

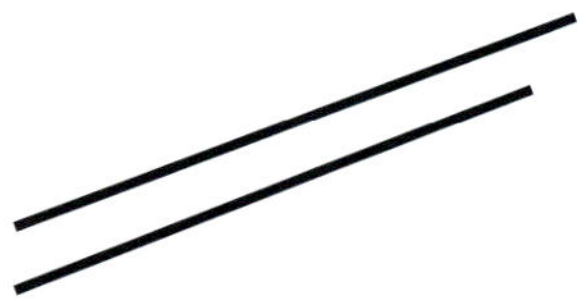

que comme ça :

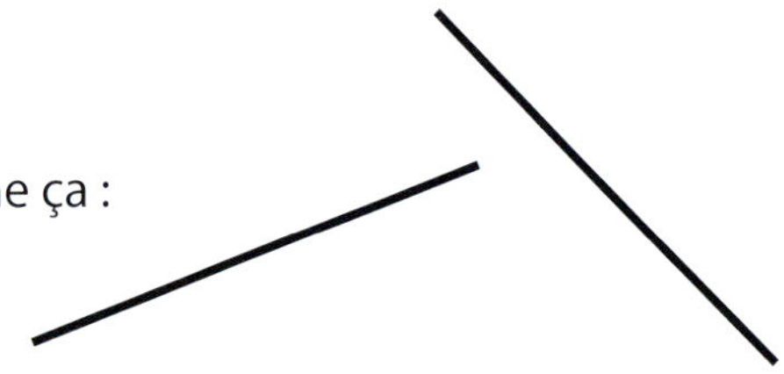

- Quand il n'y a pas beaucoup de différence, il faut faire commencer les deux trains au même endroit. Celui qui dépasse à l'autre bout est le plus grand.

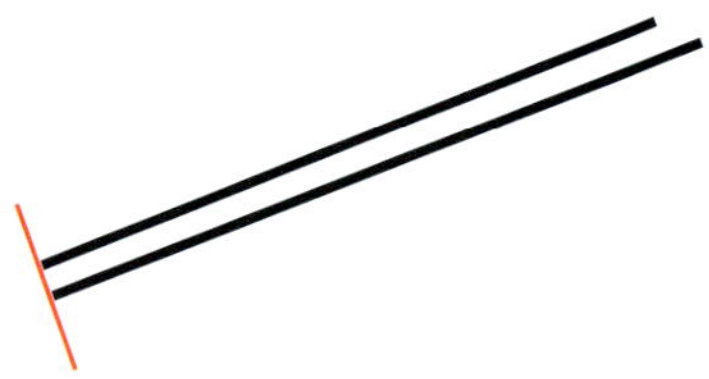

- Ça ne sert à rien de changer la place des baguettes dans le train, ça ne fait pas grandir le train, il a toujours la même longueur.

Formulation adaptée aux prolongements :

- Pour comparer les longueurs de deux baguettes qu'on ne peut pas rapprocher, on peut utiliser une bande de papier juste aussi longue qu'une des deux baguettes.

Prolongements et variantes

- **Prolongement 1**

L'enseignant demande à deux élèves de choisir 6 baguettes parmi les 15 baguettes du jeu pour obtenir un train le plus long possible.
Pendant un regroupement, il montre à tous les élèves le train obtenu.
« Avec ce jeu de baguettes, Paul et Cécile ont construit un train le plus grand possible. Pensez-vous qu'on pourrait faire un train encore plus grand ? *Oui, c'est facile !*
Vous voulez essayer ? *Oui.*
Comment allez-vous faire ? Vous allez vous servir des mêmes baguettes, donc comment allez-vous vous souvenir de la longueur du train de Paul et Cécile ? »

Les élèves peuvent proposer plusieurs solutions valides : découper un fil ou une bande de papier aussi longue que le train, faire un trait au sol ou au tableau le long du train, placer une extrémité du train le long du mur et marquer l'autre extrémité… ou des solutions invalides comme prendre une photo. Il est intéressant de tester plusieurs de ces procédures.
Si les élèves ne proposent aucune méthode, l'enseignant en suggère une.

- **Prolongement 2**

L'enseignant a placé deux baguettes longues sur deux tables éloignées.
« Je voudrais savoir laquelle de ces deux baguettes est la plus longue, mais je ne veux pas les déplacer. Avez-vous une idée ? »
Dans un premier temps, il est préférable que les longueurs des deux baguettes soient nettement différentes afin que de nombreuses procédures permettent de conclure :
Cette baguette est presque aussi longue que la table, pas l'autre.
Cette baguette est plus longue que mon bras, l'autre est plus petite que mon bras.

Le problème sera reposé plusieurs fois avec des longueurs de plus en plus proches.
Pour conclure, utiliser un objet intermédiaire précis, par exemple en découpant une bande de papier, une ficelle ou une troisième baguette aussi longue que l'une des baguettes à comparer.
Si les enfants ne sont pas tous d'accord sur la conclusion, l'enseignant rapproche les deux baguettes pour valider.

Le plus grand train

Ce que nous avons appris en maths

Nous avons appris à comparer « à l'œil » les longueurs de deux baguettes qui ne sont pas l'une à côté de l'autre.

- Dans le jeu du « plus grand train », pour gagner il faut savoir trouver des baguettes qui ont la même longueur ou presque parmi beaucoup de baguettes.
  Par exemple, les deux baguettes voisines d'un rond ont presque la même longueur.

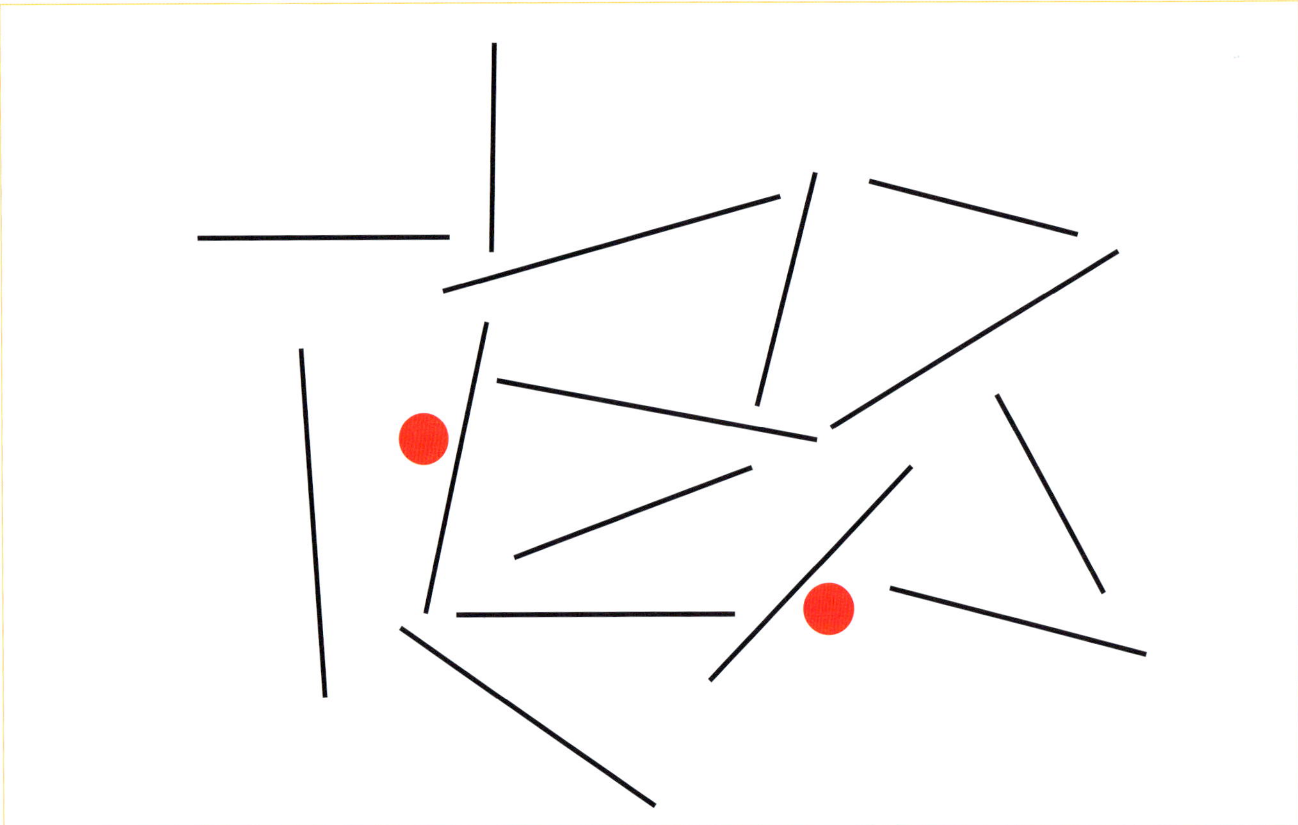

- Il faut aussi savoir choisir la plus longue de ces deux baguettes.
- À la fin du jeu, chaque joueur place les baguettes qu'il a gagnées bout à bout pour voir qui a le plus grand train.
- Quand les deux trains commencent au même endroit, on voit facilement celui qui est le plus long : il dépasse à l'autre bout.

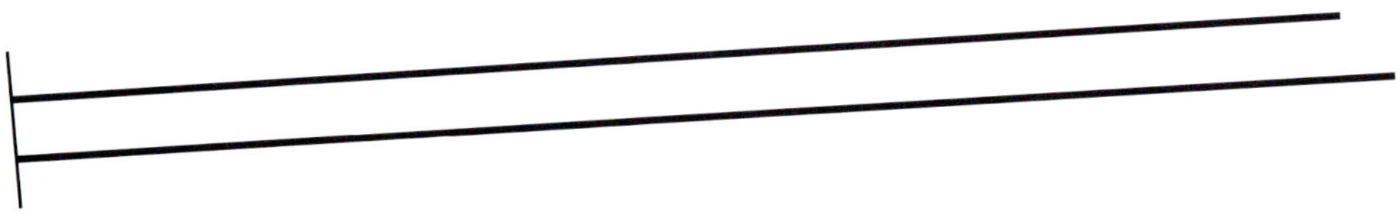

- Ça ne sert à rien de changer la place des baguettes, ça ne fait pas grandir le train, il a toujours la même longueur.

5 Le musée des solides

Période Périodes 2, 3, 4.

Organisation Atelier dont l'effectif est limité par le nombre de pièces disponibles.

Matériel
- Au moins 20 pièces (carrés et triangles équilatéraux) Polydron® ou d'un matériel équivalent par élève.
- Adhésif.
- Planche de carrés et triangles imprimée en A3 sur du carton léger.

Présentation de l'activité aux élèves

1

Aujourd'hui, nous allons utiliser seulement ces pièces : des triangles et des carrés.

2
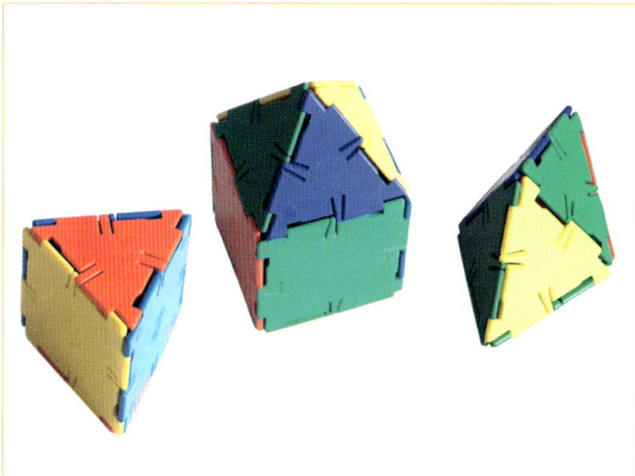

Je vous demande de fabriquer des solides, c'est-à-dire des boites bien fermées comme celles-ci.

3
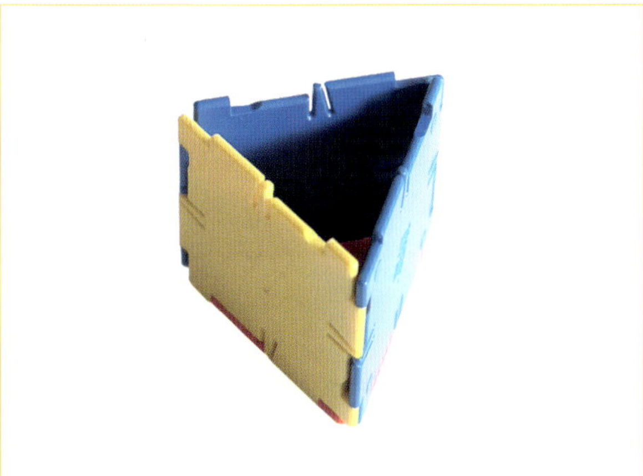

Si j'enlève le couvercle comme ça, cette boite n'est plus fermée, ce n'est pas un solide.

4

Vos solides peuvent avoir n'importe quelle forme, du moment qu'ils sont fermés. S'ils ont des formes bizarres c'est très bien car nous allons essayer de faire beaucoup de solides différents.

Précisions sur le matériel

- Comme indiqué plus loin, pour conserver une trace de tous les solides réalisés, il sera probablement nécessaire d'en reproduire certains en assemblant avec de l'adhésif des carrés et des triangles préalablement imprimés sur du carton léger (CD).
  On tirera de préférence les planches du CD sur papier A3 pour que les solides en carton aient à peu près la même dimension que les solides Polydron® qu'ils remplacent.
  Pour que le découpage ne prenne pas trop de temps, les adultes peuvent couper des bandes dans les feuilles imprimées afin que les élèves n'aient plus à découper qu'un segment par pièce.

  L'assemblage étant assez difficile, les adultes peuvent aider à la réalisation des solides en carton. L'assemblage est cependant plus facile si le carton dont on dispose est bien rigide. Ce matériel peut alors être utilisé pour l'ensemble de la situation à défaut de Polydrons.

Précisions sur le déroulement

- Avant de proposer cette situation il est nécessaire que les élèves aient pu jouer librement avec le matériel Polydron®.

- Même si on dispose d'un grand nombre de pièces, les enfants les auront rapidement toutes utilisées. La pénurie de pièces justifie qu'on compare les objets réalisés : si plusieurs objets sont identiques, on en conserve un comme modèle et on démonte les autres.
  Les modèles conservés sont mis en évidence : c'est le musée des solides de la classe.
  On peut également imposer que les solides réalisés n'utilisent pas plus de 12 pièces (ce qui permet déjà une variété considérable). Les élèves ayant déjà construit des solides utilisant plus de 12 pièces sont félicités et leurs œuvres sont photographiées pour mémoire avant d'être démontées.
  Il est probable que même en conservant un seul exemplaire de chaque solide on arrive à nouveau à la pénurie de pièces.
  Pour pouvoir continuer, on reproduira alors les solides à l'aide de triangles et de carrés en carton assemblés avec du ruban adhésif.
  On pourrait aussi envisager de conserver la trace des solides réalisés à l'aide de photographies, mais la relation entre les objets et leur représentation plane est difficile (il faut plusieurs vues bien choisies pour identifier à coup sûr un objet), nous pensons préférable de conserver ce travail pour l'école élémentaire.

- Quand le nombre de solides du musée devient grand, il est fastidieux de comparer un nouveau solide à tous ceux qui existent déjà. L'enseignant peut alors proposer de répartir les objets du musée en plusieurs catégories en fonction du nombre de pièces utilisées.

Exemples de formulation des savoirs par l'enseignant

- Avec 6 carrés on peut fabriquer un cube. On peut faire des cubes de différentes couleurs mais ils ont la même forme.
- Avec un carré et 4 triangles, on peut fabriquer une pyramide.

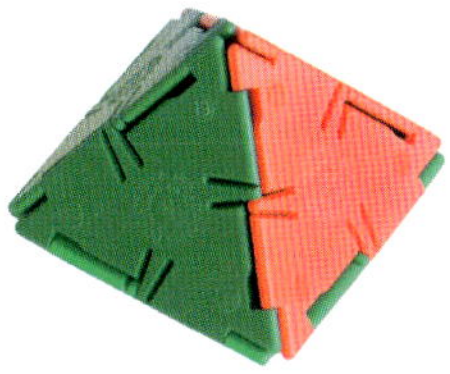

- Avec 4 triangles, on peut fabriquer une pyramide différente.

- On peut trouver l'idée d'un nouveau solide en plaçant deux solides l'un sur l'autre.

- Parfois avec les mêmes pièces on peut faire des solides différents.

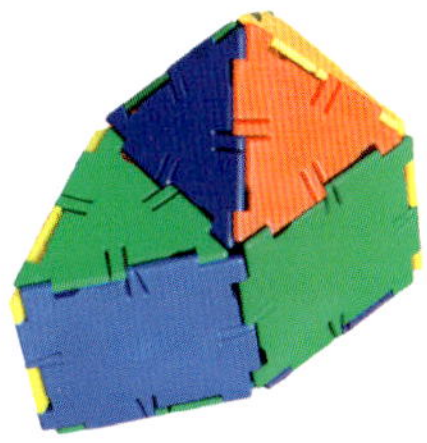

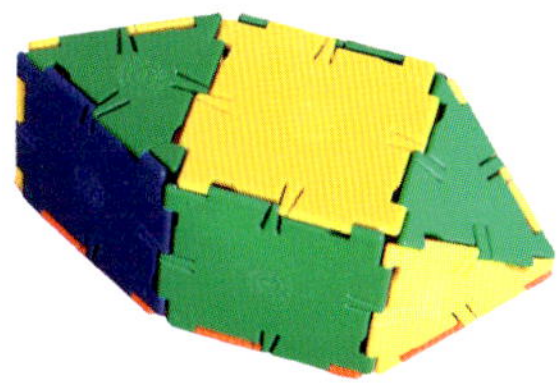

- Dans un triangle, il y a souvent un grand côté et un petit côté, mais dans ce jeu on utilise seulement des triangles qui ont trois côtés de la même longueur. Ce sont des triangles équilatéraux.

Prolongements et variantes

- **Dénombrer les pièces**

On peut faire respecter la limite de 12 pièces par solide en fournissant à chaque élève exactement 12 pièces, mais il nous semble préférable de laisser les enfants fabriquer à leur guise et de chercher a posteriori si un solide qui semble compliqué utilise plus de 12 pièces. Dénombrer les pièces d'un solide n'est pas simple : comme on ne les voit pas toutes simultanément il est difficile de mémoriser quelles pièces on a déjà pris en compte. Trois procédures peuvent être suggérées :

– Marquer chaque pièce d'une gommette au moment où on la compte.

– Dénombrer les pièces de chaque couleur puis en déduire le nombre total de pièces.

– Réaliser une copie du solide puis démonter la copie pour dénombrer les pièces.

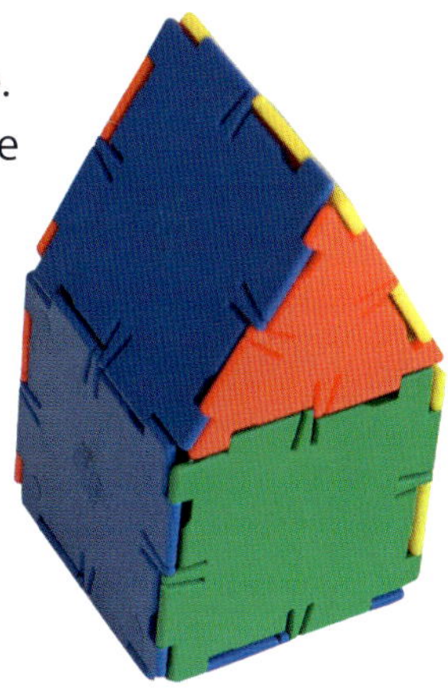

Remarque : Nous dénombrons les pièces utilisées et non les faces car pour certains solides, plusieurs pièces constituent une même face. Par exemple le carré vert et le triangle rouge du solide ci-contre.

- **Reproduire un solide**
  On peut proposer successivement les quatre phases suivantes :
  1. L'élève choisit un modèle et le reproduit à vue.
  2. L'élève choisit un modèle, le cache dans une boite fermée puis le reproduit en disposant juste des pièces nécessaires, fournies par l'enseignant.
  3. L'élève choisit un modèle, le cache dans une boite fermée puis le reproduit en disposant de plus de pièces que nécessaire.
  4. L'élève choisit un modèle, le cache dans une boite fermée et va chercher juste les pièces dont il a besoin dans une réserve éloignée avant de revenir fabriquer son solide.

- **Le musée du cube**
  On ne fabrique plus que des cubes en n'utilisant que des carrés rouges et des carrés verts. Deux cubes sont alors considérés comme identiques si on peut les placer côte à côte avec les faces du dessus de la même couleur, celles du dessous aussi ainsi que celles de devant, de derrière, de droite et de gauche.
  Pour aider les élèves à trouver tous les cubes possibles, l'enseignant pourra proposer de les répartir en plusieurs familles : les cubes qui ont une face rouge et cinq faces vertes (en réalité il n'y en a qu'un), ceux qui ont deux faces rouges et quatre vertes (il y en a deux)… sans oublier le cube tout vert et le cube tout rouge. Cette recherche peut être reprise avec des cubes utilisant trois couleurs. On cherche alors le plus possible de cubes sans viser l'exhaustivité.

- **Le solide à décomposer**
  Quand la collection de solides réalisés est suffisamment variée, on peut proposer le défi suivant : les solides les plus simples sont numérotés et un solide plus complexe est choisi par l'enseignant. Les élèves doivent chercher s'il est possible de le réaliser en assemblant deux ou trois solides simples.

Ce que nous avons appris en maths

Nous avons appris qu'on peut construire beaucoup de solides différents avec seulement des carrés et des triangles équilatéraux.

- Avec 6 carrés on peut fabriquer un cube.

- Avec 1 carré et 4 triangles, on peut fabriquer une pyramide.

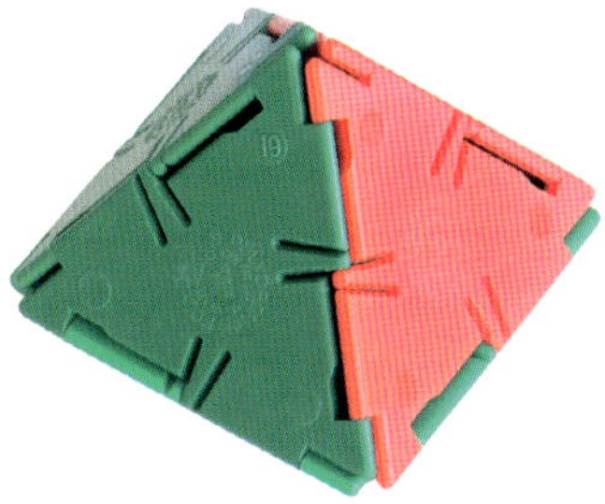

- Avec 4 triangles on peut fabriquer une autre pyramide.

- Mais on peut aussi fabriquer d'autres solides très différents.

6 La main droite du copain

Période Périodes 2 et 3.

Organisation Groupe pouvant être nombreux, de préférence en extérieur ou en salle de motricité.

Matériel
- 1 gommette par élève,
- 1 cerceau pour deux élèves.
- Pour certaines activités, 1 moufle pour un groupe d'élèves.

Présentation de l'activité aux élèves

1

Je vais vous donner à chacun une gommette, il faut la coller dans la paume de votre main droite. Ceux qui savent reconnaitre leur main droite peuvent coller la gommette tout de suite.
Les autres, mettez-vous en face de moi devant la fenêtre et regardez-moi. Votre main droite est du côté des cerceaux. Placez la gommette dans la paume de votre main droite.

2

Maintenant, mettez-vous par deux, je donne un cerceau à chaque groupe de deux, un enfant se place dans le cerceau, l'autre reste en dehors.
Natacha, tu es dans le cerceau alors tu fermes bien tes deux mains pour que Léa ne voit pas la gommette et tu prends la pose, ça veut dire que tu ne bouges plus.
Léa tu regardes bien Natacha, quand tu as trouvé sa main droite, tu la touches.

3

Natacha, ouvre la main que Léa a choisie, il y a la gommette ? *Oui.*
Léa a gagné. Maintenant, tous les groupes de deux font la même chose : un enfant se met dans le cerceau et ne bouge plus, l'autre essaie de trouver sa main droite.

Précisions sur le déroulement

- Lors des premiers essais, la plupart des élèves prenant la pose resteront debout, ce qui permet à l'observateur de se placer derrière. C'est l'occasion de mettre en évidence le savoir de base : « Quand je me place derrière un enfant, les deux mains droites sont du même côté. »
  Progressivement, on incitera les enfants à adopter des poses plus compliquées.
- Nous avons volontairement évité l'utilisation d'un miroir. Expliciter les différences avec la situation où deux personnes réelles sont face à face nous semble trop complexe en GS.

Exemples de formulation des savoirs par l'enseignant

Les formulations suivantes seront accompagnées d'une démonstration.

- Quand je me place derrière un enfant, les deux mains droites sont du même côté.
- Quand on se met face à face, la main droite de l'un est en face de la main gauche de l'autre.
- Quand je croise les bras, ma main droite est du côté gauche, mais elle s'appelle toujours la main droite.
- Pour trouver la main droite de quelqu'un d'autre, je peux imaginer que je me place juste derrière lui comme si on se mettait en rang.
- Le pied droit est du même côté que la main droite, on peut le retrouver de la même façon.

Prolongements et variantes

- Remplacer les cerceaux par une ligne : les deux enfants se placent de part et d'autre mais à proximité de la ligne. Il n'est plus toujours possible de se placer derrière l'élève qui prend la pose, même s'il reste debout. C'est l'occasion de découvrir que quand on se fait face, la main droite de l'un est en face de la main gauche de l'autre.
- Un seul élève prend la pose, tous les autres doivent rester derrière une ligne située à plusieurs mètres. L'élève observé a placé l'une de ses mains dans une moufle afin qu'on puisse désigner sa main droite oralement : c'est celle qui a la moufle ou c'est l'autre. Les observateurs doivent essayer de se mettre d'accord. Dans cette variante, seuls les observateurs qui le demandent ont une gommette pour repérer leur propre main droite. L'enseignant incite à s'en dispenser en proposant des repères personnels : ta main droite est celle avec laquelle tu dessines (ou l'autre), celle qui a un petit grain de beauté…
- Faire un travail identique avec la main gauche.

Ce que nous avons appris en maths

Nous avons appris à trouver la main droite d'un autre enfant.

- Pour cela, il faut connaitre sa propre main droite.

- Quand on se met en file les uns derrière les autres, toutes les mains droites sont du même côté.

- Quand je me place en face d'un autre enfant, ma main droite est en face de sa main gauche.

7 La chasse aux triangles

Période À partir de la période 3.

Organisation En binôme.

Matériel Pour chaque binôme :
- 4 à 6 feuilles de jeu plastifiées format A3 ou glissées dans une pochette transparente.
- 2 feutres effaçables de couleur différente.
- 1 boite de jetons.

Présentation de l'activité aux élèves

1
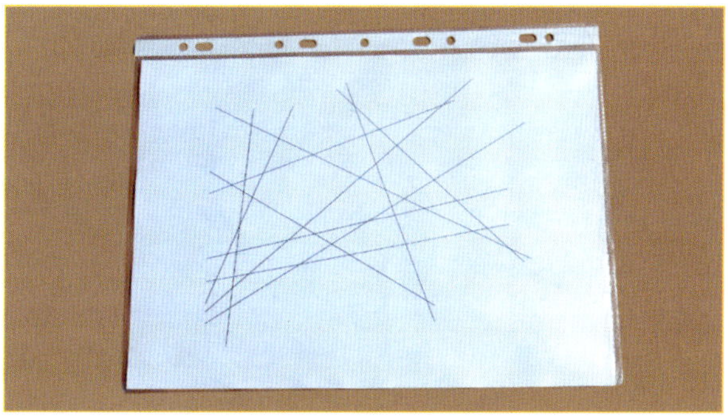

Je vais vous apprendre à jouer à la « chasse aux triangles ».
Maeva, veux-tu bien faire la première partie avec moi ?

2
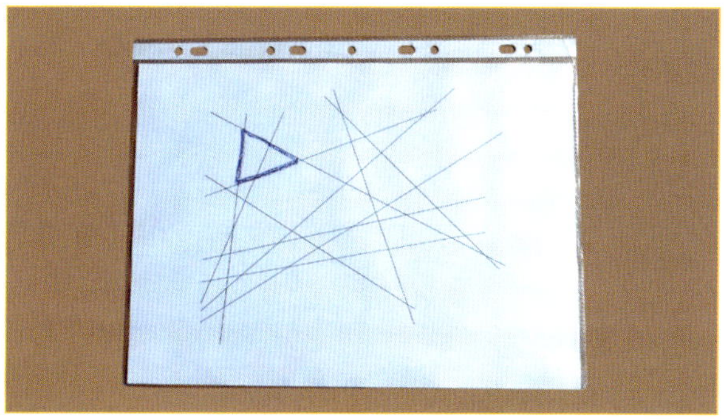

Je commence, je trace un triangle en suivant bien les lignes de la feuille.
J'ai réussi, je gagne un jeton.

3
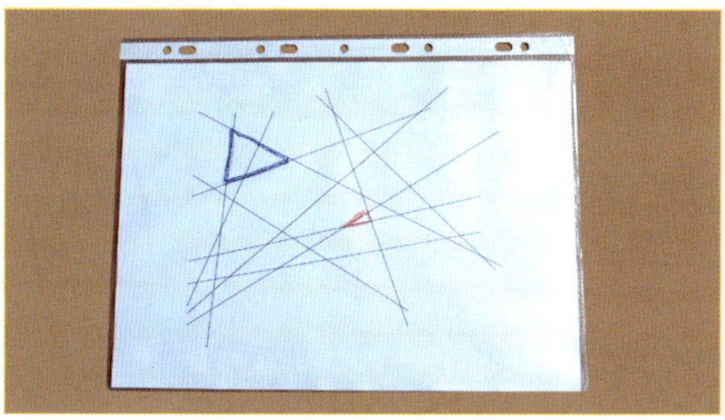

C'est à toi de jouer, Maeva, tu dessines aussi un triangle en suivant les lignes. Ton triangle ne doit pas toucher le mien.
Très bien Maëva, tu gagnes aussi un jeton.

4
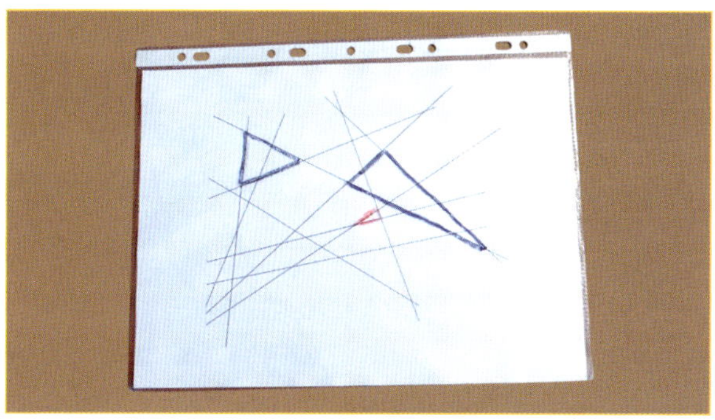

C'est à moi maintenant de tracer un triangle…

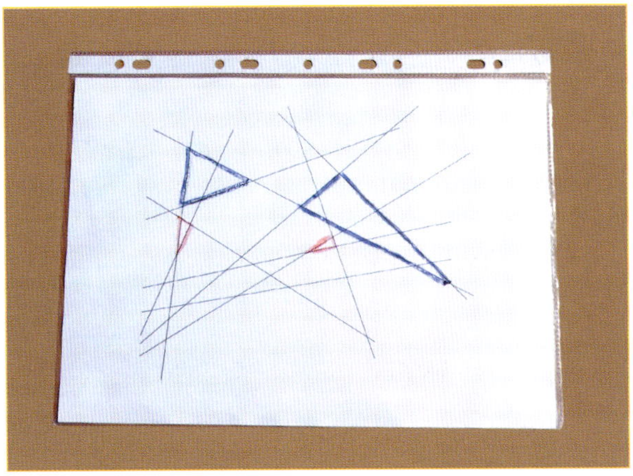

5

À toi, Maeva.
Je pense que vous avez compris, la partie se continue comme ça tant qu'on peut tracer des triangles qui ne se touchent pas.

Précisions sur le déroulement

- Il est important que dans les parties de démonstration l'enseignant trace des triangles que les droites de la feuille découpent en plusieurs morceaux (cf. photo de l'étape 2 de la présentation aux élèves). Certains enfants peuvent en effet ne pas considérer ces triangles comme valides, il faut alors que l'enseignant confirme que même s'il y a des traits à l'intérieur de ces triangles on a le droit de les tracer, ce sont quand même des triangles.

- Il est peu probable que des élèves produisent ce type de situation, mais si cela se produit, on considèrera que les deux triangles ne se touchent pas (on s'intéresse ici aux lignes et non aux surfaces).

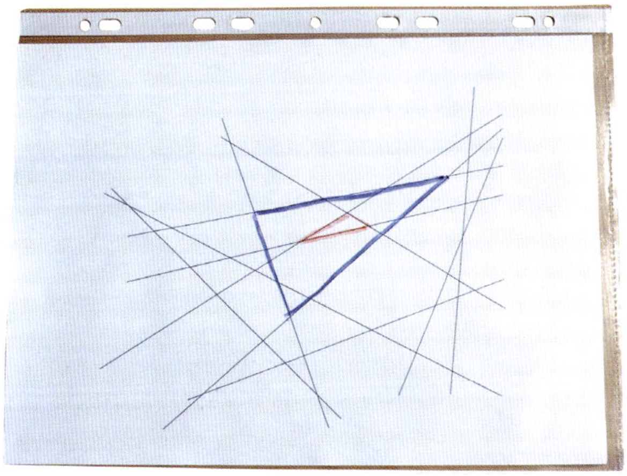

- Contrairement à beaucoup de situations de cet ouvrage, rien ne permet aux élèves de trancher s'ils ne sont pas d'accord sur le fait qu'une figure est ou non un triangle. Dans ce cas, il faut avoir recours à l'enseignant.

- Quand un joueur ne trouve plus de triangle à tracer, il passe son tour. L'autre joueur peut encore tracer un triangle s'il en voit un. Quand aucun des deux joueurs ne trouve plus de triangle, on change de feuille.
  Quand toutes les feuilles ont été utilisées, on peut comparer le nombre de jetons gagné par chaque joueur, sans oublier que l'important n'est pas de trouver plus de triangles que son camarade mais d'en trouver beaucoup.
  Quand un binôme a terminé une partie, il conserve les feuilles support sans effacer. À la fin de la séance, les binômes peuvent s'échanger les feuilles et chercher s'il y a des triangles qui ont échappé à l'attention des joueurs.

Exemples de formulation des savoirs par l'enseignant

- Il y a beaucoup de triangles différents, un triangle ne ressemble pas toujours à un toit de maison ou à une tente d'Indien.
- Pour dessiner un triangle, il faut toujours tracer trois traits bien droits.
  Ces traits s'appellent les côtés du triangle.
- Les grands triangles avec beaucoup de lignes qui les traversent sont difficiles à voir, mais ce sont quand même des triangles.
- Là où deux côtés se touchent, il y a une pointe qui s'appelle un sommet.
- Un triangle a toujours trois côtés et trois sommets.

Prolongements et variantes

- Si certaines feuilles conservées à l'issue des parties posent des problèmes intéressants (on peut encore tracer des triangles ou bien certaines figures tracées ne sont pas des triangles), elles peuvent servir de support à un travail collectif réunissant par exemple tous les binômes d'un atelier ou un plus grand groupe à condition d'agrandir le document.
- Quand le jeu est bien compris, on peut modifier la règle et accepter que les triangles se touchent juste par un sommet, ce qui permet de tracer nettement plus de triangles sur une feuille. Cette modification de règle est l'occasion de dire que les trois pointes d'un triangle s'appellent des sommets.

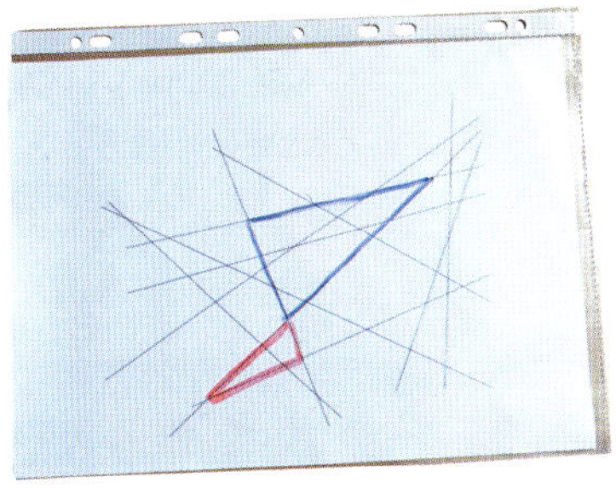

- Le même jeu peut être proposé avec des quadrilatères. Nous pensons préférable de se limiter aux quadrilatères non croisés : cette figure ne sera donc pas classée comme un quadrilatère car elle serait plutôt vue par les élèves de cet âge comme l'assemblage de deux triangles.

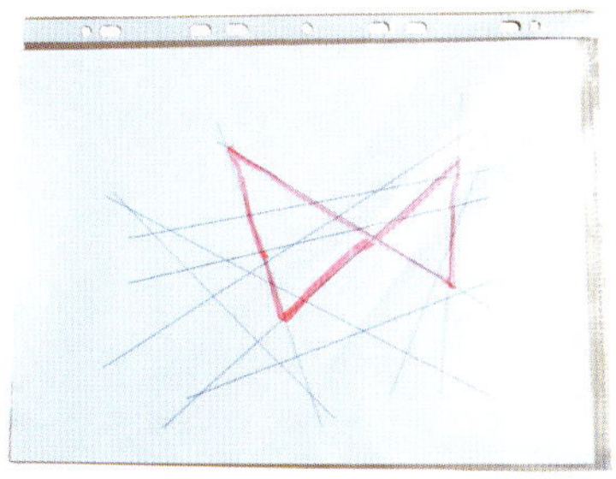

- En revanche, il nous semble utile d'accepter les quadrilatères concaves comme celui-ci. En introduisant cette variante du jeu, l'enseignant tracera lui-même au moins un quadrilatère concave.

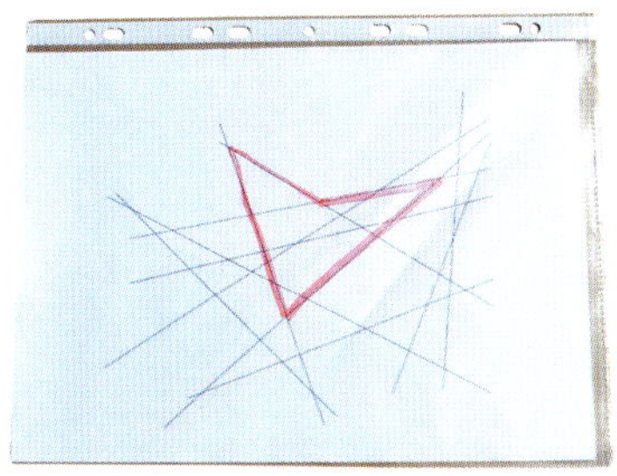

La chasse aux triangles

Ce que nous avons appris en maths

Nous avons appris à reconnaitre des triangles dans une feuille où il y a beaucoup de lignes droites.

- Il y a des petits triangles plutôt faciles à voir :

- Il y en a aussi des grands qui sont traversés par d'autres lignes. Ils sont plus difficiles à voir mais ce sont bien des triangles.

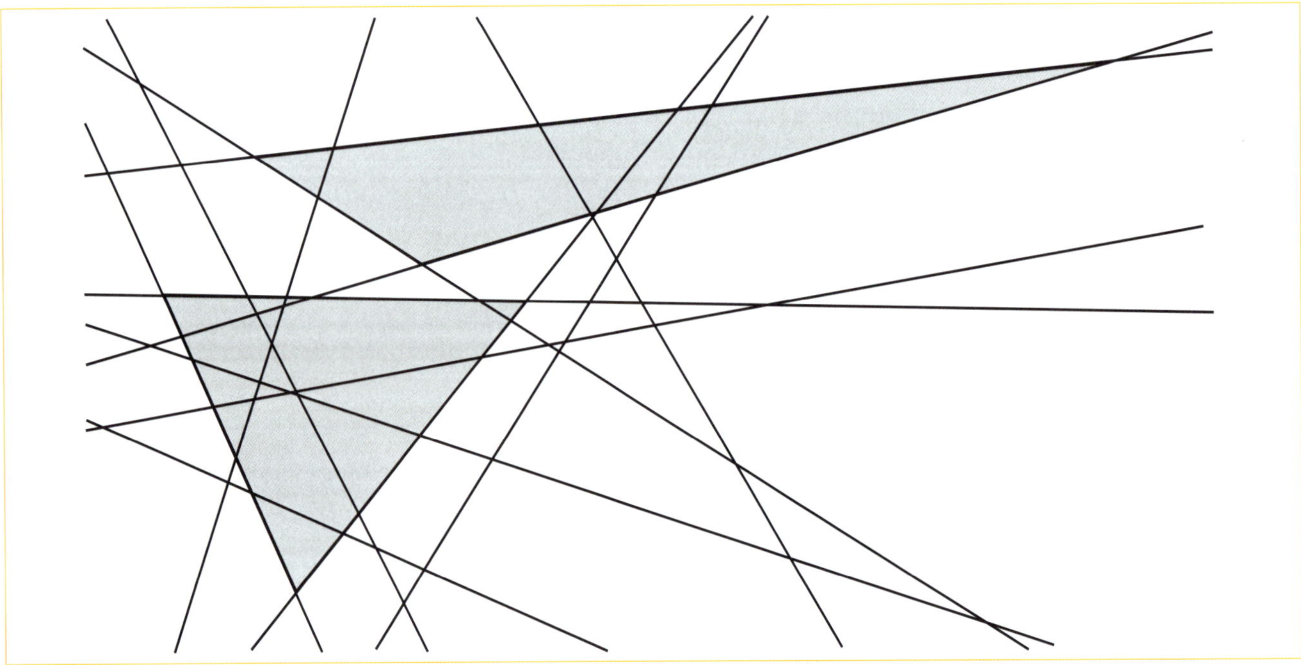

- Les triangles ont toujours trois sommets et trois côtés.

8 Les carrés ratés

Période À partir de la période 3.

Organisation Atelier d'environ 8 élèves.

Matériel Pour chaque élève :

- 1 planche de 12 figures chacune marquée d'une lettre.
- Feuilles de papier A5, 1 crayon à papier.
- 1 enveloppe.

Pour la seconde phase :

- 1 jeton.

Présentation de l'activité aux élèves

Première phase : dessiner

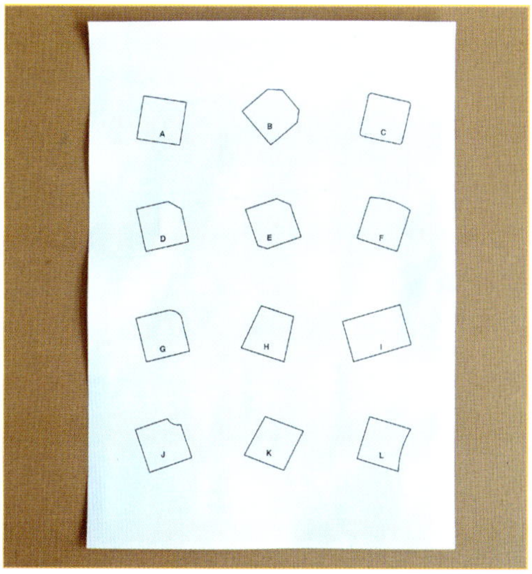

1

J'ai essayé de dessiner des carrés, mais beaucoup sont ratés, ce ne sont pas vraiment des carrés.

2

Votre travail est de les **redessiner en plus grand**, un dessin par feuille que je vous ai donnée.
Quand vous avez terminé un dessin, vous le retournez et vous écrivez au dos la lettre qui est sur le modèle, au crayon à papier et sans appuyer trop pour qu'on ne le voie pas à travers le papier.
Vous n'êtes pas obligés de faire les dessins dans l'ordre, vous pouvez commencer par celui que vous voulez.
Il y a 12 dessins sur la feuille que je vous ai donnée mais vous n'êtes pas obligés de les faire tous.
À la fin de cette phase, chaque enfant place ses dessins dans une enveloppe sur laquelle il écrit son prénom.

Seconde phase (pas nécessairement le même jour) : reconnaitre

3

José, veux-tu nous montrer un de tes dessins ? Fais bien attention en le sortant à ne pas nous montrer la lettre qui est derrière et place-le au milieu de la table pour que tout le monde voie bien.
Regardez bien le dessin de José et les modèles. Quand vous pensez avoir trouvé quel modèle José a dessiné, vous placez votre jeton sur votre fiche, dans la bonne case.
Par exemple si je pense qu'il a dessiné la figure E, je mets mon jeton ici.
C'est pas ça du tout…
Oui, je sais Sandrine, c'était juste un exemple.

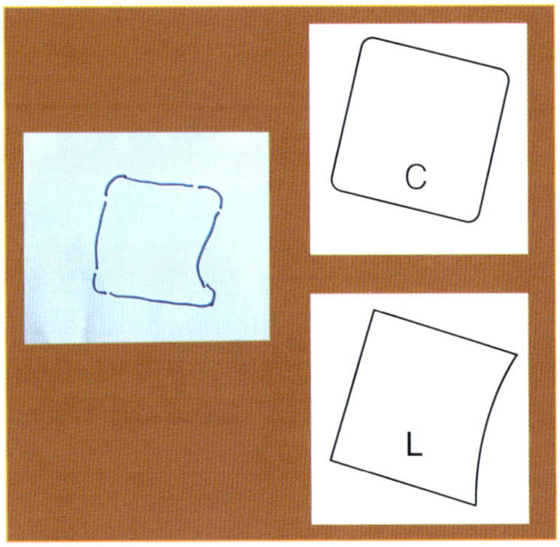

4

Tout le monde a posé son jeton, mais vous n'êtes pas tous d'accord. Beaucoup pensent que José a dessiné la figure L. Lola, tu peux nous dire pourquoi tu penses que José a dessiné la figure L ?
Il y a un côté qui n'est pas vraiment droit, ça fait comme un trou.
C'est vrai, un côté de la figure de José est un peu creux, ce n'est pas un segment bien droit comme sur les vrais carrés.
Et toi, Noa, peux-tu nous dire pourquoi tu as choisi la figure L ?
Sur la figure C les coins sont un peu tordus, ils ne sont pas pointus.
C'est vrai, sur la figure C, les coins du carré sont arrondis, ce ne sont pas vraiment des sommets.

5

José s'il te plait, montre-nous la lettre que tu as écrite derrière.
José a voulu dessiner la figure L. Il a plutôt bien réussi puisque beaucoup l'ont reconnue, mais comme les coins sont arrondis, on pouvait aussi penser comme Noa que c'était la figure C.

Précisions sur le matériel

- Prévoir des feuilles A5 en nombre suffisant pour qu'un élève qui n'est pas satisfait d'un de ses dessins puisse recommencer.

Précisions sur le déroulement

- L'écriture des lettres au dos des dessins est nécessaire pour confirmer ou non la reconnaissance des figures par les autres élèves, mais elle n'est pas l'objet du travail. Il n'y a donc pas d'inconvénient à ce que l'enseignant aide au besoin.
- La consigne « redessiner en plus grand » facilite l'observation des figures dans la phase 2, elle évite aussi la tentation de copier les figures par transparence.
- Cette situation n'est pas réellement autovalidante. Il peut arriver comme dans notre exemple qu'un élève choisisse pour de bonnes raisons un modèle différent de celui que le dessinateur a voulu reproduire. Dans ce cas l'enseignant signale que ses arguments sont valables. Si l'élève ne réussit pas à argumenter lui-même, l'enseignant peut le faire à sa place s'il voit un argument probable.
  Le temps de discussion à propos d'un dessin doit rester très bref (de l'ordre de la minute). Rien n'oblige à traiter les réponses de façon exhaustive. En particulier si les réponses sont très dispersées, l'enseignant se contentera de faire remarquer que le dessin est difficile à reconnaitre. Quand tous les élèves du groupe ont reconnu le bon modèle, l'enseignant fait observer que le dessinateur comme les observateurs ont bien travaillé.

Exemples de formulation des savoirs par l'enseignant

- On ne peut pas placer la figure K comme une fenêtre. Quand le côté du bas est bien à plat, il y a deux côtés penchés. Un vrai carré peut se placer comme une fenêtre.
- Si on place la figure H comme ça, le côté du haut est plus petit que celui du bas. Ce n'est pas un carré.
- Dans la figure G un coin est arrondi, ce n'est pas un sommet. La figure G n'est pas un carré.
- La figure B et la figure E ont six côtés, ce ne sont pas des carrés.
- On peut placer les deux petits côtés de la figure B en haut comme ça. Pour la figure E ce n'est pas possible.
- Un des côtés de la figure F est tordu. La figure F n'est pas un carré.
- La figure I a deux grands côtés et deux petits, ce n'est pas un carré. Si on la place comme ça elle ressemble à une porte, et comme ça elle ressemble à un but de foot. C'est un rectangle.
- La figure A est un carré, c'est le seul carré de la feuille. Avec six figures comme celle-ci, on peut fabriquer un cube.

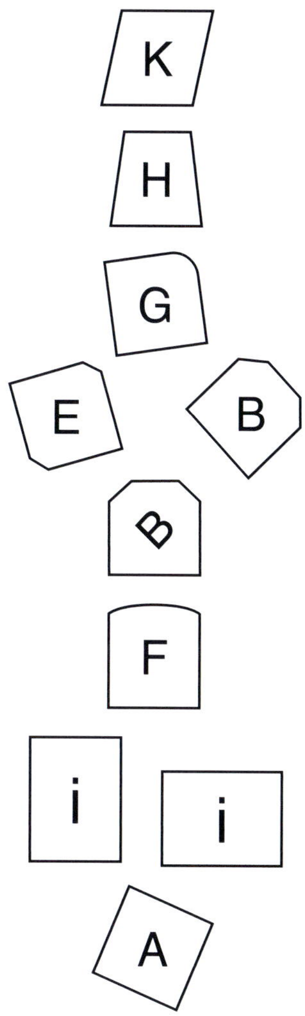

Les carrés ratés

Ce que nous avons appris en maths

Nous avons appris à reproduire des dessins qui ressemblent à des carrés et à bien les observer.

- Sur cette figure, un coin est arrondi.
  La figure n'est pas un carré.

- Cette figure n'est pas un carré : un de ses côtés n'est pas droit. Dans un carré, tous les côtés sont des segments, ils sont droits.

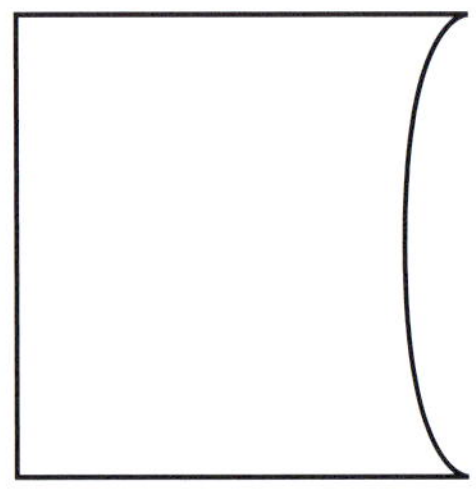

- Cette figure n'est pas un carré : il a deux grands côtés et deux petits. Dans un carré les côtés sont tous de la même longueur.

- Cette figure n'est pas un carré : quand on essaie de la placer comme une fenêtre, il y a deux côtés penchés.

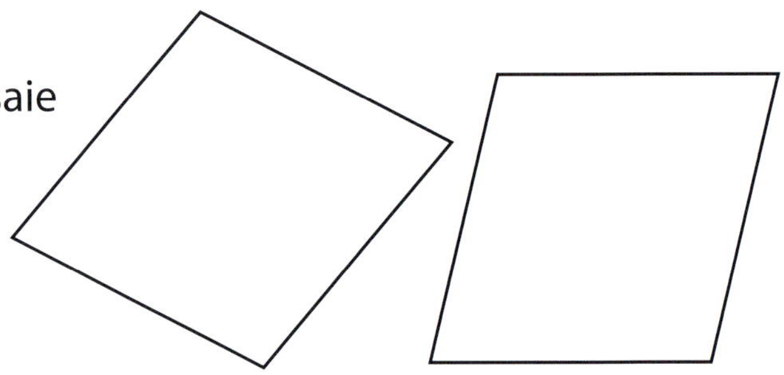

- Voici enfin un vrai carré. Avec six carrés comme celui-ci, on peut fabriquer un cube.

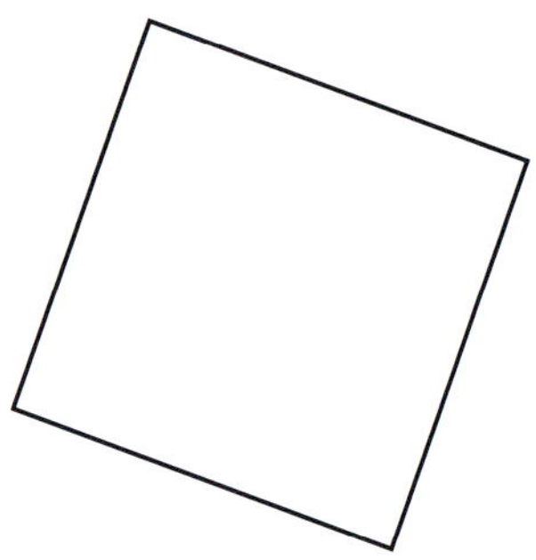

9 Les nœuds

Période À partir de la période 3.

Organisation Coins d'expérimentation libres pour deux élèves travaillant simultanément pour les activités préalables.
Atelier de 6 élèves environ pour la situation principale.

Matériel Pour l'enseignant :

- 2 morceaux de corde armée ou de câbles électriques rigides ou de tuyaux flexibles transparents pour aquarium. Les deux morceaux doivent être de couleur différente.

Pour chaque élève :

- 2 étiquettes.
- Dessins des nœuds.

Activités préalables

Pour plusieurs situations (les papiers pliés p. 104, le musée des solides p. 113) nous indiquons qu'il est nécessaire que les élèves utilisent le matériel avant la situation elle-même. L'activité préalable est assez évidente (jeux de construction libre pour le musée des solides, pliage et découpage pour les papiers pliés). Les activités à proposer pour se familiariser avec les nœuds nous semblent moins évidentes, c'est pourquoi nous proposons ici des « défis » permettant de se familiariser avec les nœuds.
Ces activités préalables[1] permettent de travailler la motricité fine et la vision dans l'espace. Elles ont également un intérêt pratique[2], on peut donc envisager de les proposer même si on ne va pas jusqu'à la situation mathématique elle-même.

- **Attacher deux cordes**

  Chaque corde est fixée à une poignée, il faut attacher les deux cordes de façon à ce que deux élèves puissent tirer chacun sur une poignée sans que le nœud se défasse.
  On insiste sur le fait que c'est mieux si le nœud est facile à défaire.

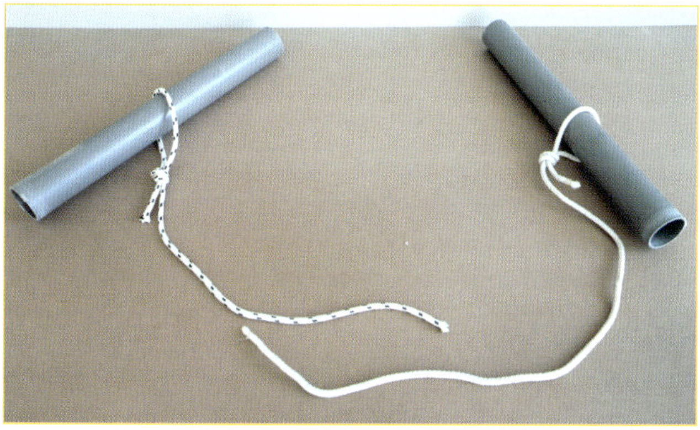

Une des solutions à ce problème est le nœud plat dont on peut fournir aux enfants un dessin.

1. Le matériel pour les activités préalables est décrit avec ces activités.
2. Les préalables correspondent à une manipulation libre, les enfants peuvent essayer de réaliser ces nœuds sans contrainte de temps. Nous proposons des modèles de nœuds mais ils peuvent en expérimenter d'autres. Les nœuds de lacets sont plus difficiles que les trois nœuds ci-dessous qui peuvent justement y préparer. Par ailleurs nous proposons d'utiliser des cordes plus grosses que les lacets, ce qui facilite la manipulation.

- **Attacher une corde à une barre**

  Une seule corde est fournie, il faut attacher chaque extrémité à une poignée de façon à ce que cela résiste à la traction comme dans la proposition précédente.

  Parmi les solutions classiques à ce problème, on peut proposer le nœud de cabestan ( ) :

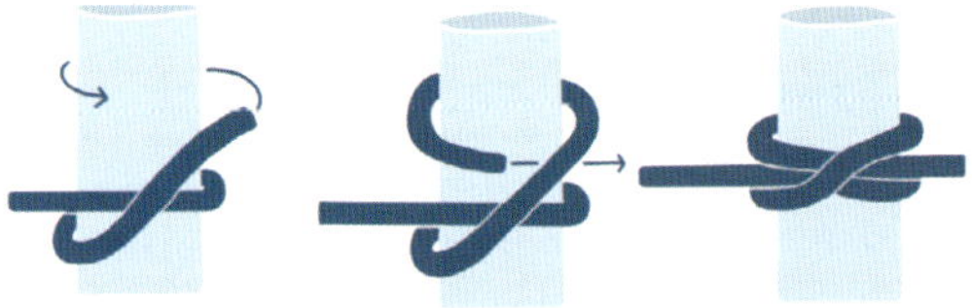

ou celui-ci (tour mort et deux demi-clés) ( ) :

- **Le fagot**

  Trois tasseaux de même longueur et un autre un peu plus long doivent être réunis en un fagot à l'aide d'une corde. On doit pouvoir secouer le tout en utilisant le tasseau le plus long comme poignée sans que l'ensemble se détache.

Parmi les solutions à ce problème on peut proposer le nœud plat déjà cité ou le nœud utilisé pour les lacets de chaussures.

- **Deux nœuds identiques**

  Pour deux élèves, il faut quatre morceaux de corde armée de même longueur. Chaque élève réalise un nœud fermé en joignant les deux extrémités d'une de ses cordes (voir le paragraphe « Précisions sur le matériel »).

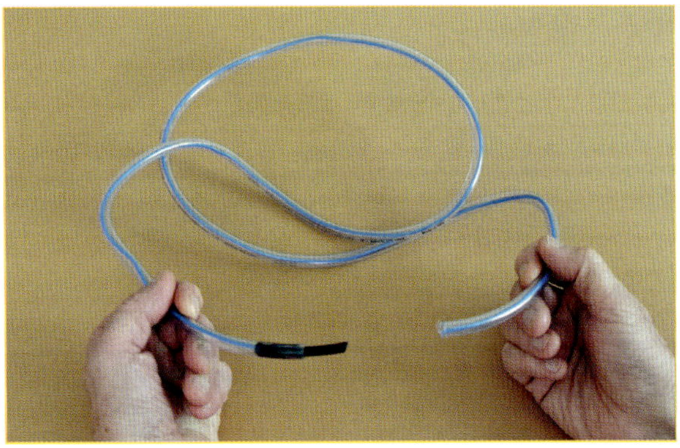

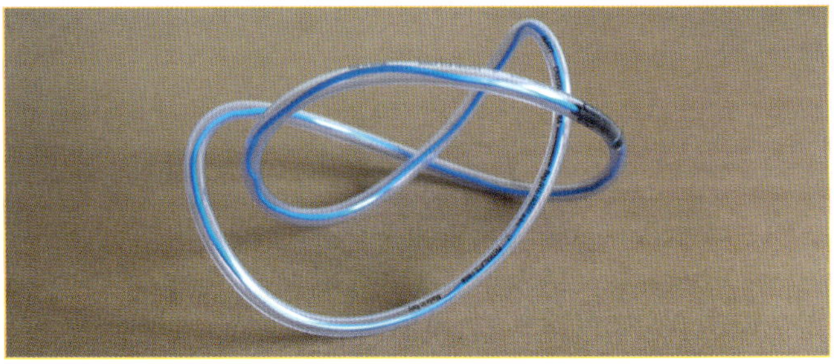

Puis, les élèves échangent leur nœud et chacun essaie de reproduire le nœud du camarade.

- **Les nœuds dessinés**

  Fournir aux élèves des dessins de nœuds ( ) qu'ils essaient de reproduire.

  Chaque page du document fourni sur le CD montre deux versions du même nœud.

Présentation de l'activité aux élèves

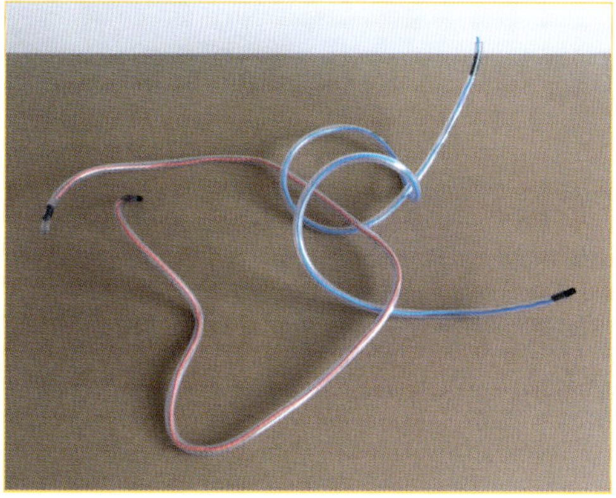

1

Aujourd'hui, vous n'allez pas faire des nœuds, vous allez seulement les regarder et essayer de prévoir ce qui va se passer.
Evan va prendre les deux bouts du tuyau rouge. Océane prendra les deux bouts du tuyau bleu et ils tireront doucement. Que va-t-il se passer ?

2

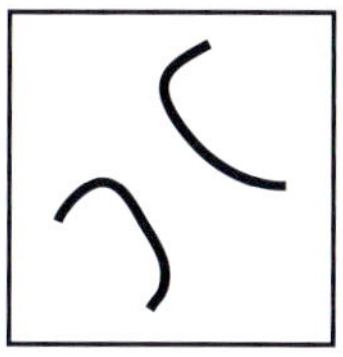

Si vous pensez que les deux tuyaux vont se décrocher, vous montrez cette étiquette et vous retournez l'autre.

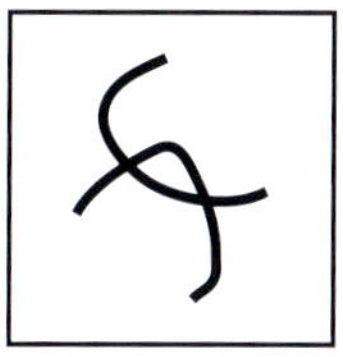

Si vous pensez que les deux tuyaux vont rester accrochés, vous montrez cette étiquette et vous retournez l'autre.

Précisions sur le matériel

- Pour les cordes souples, on choisira un diamètre assez important (au moins 6 mm). Cela facilite la manipulation et évite de se couper si on tire trop brusquement sur un brin.
- Pour les cordes armées on peut choisir celles du commerce ou utiliser du câble électrique rigide ou encore du tuyau flexible pour aquarium.
  Si on utilise de la corde armée ou du fil électrique, on recourbe à la pince les extrémités métalliques, cela aide à fermer les nœuds et évite de se blesser.
  Si on utilise du tuyau flexible pour aquarium, on ferme les nœuds à l'aide d'un tourillon collé dans l'une des extrémités.
  Si on dispose d'un peu de temps pour préparer le matériel, les résultats les plus satisfaisants sont obtenus en glissant un fil électrique rigide dans un tuyau flexible d'aquarium transparent comme sur les photos.

Exemples de formulation des savoirs par l'enseignant

- Pour comprendre les nœuds, il faut faire bien attention au fil qui passe dessus et au fil qui passe dessous.
  Quand c'est toujours le même fil qui passe dessus, il n'y a pas de nœud du tout.

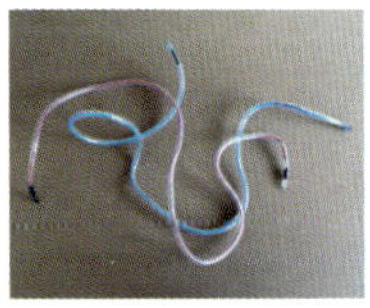

- Pour voir s'il y a un vrai nœud, on peut suivre un fil avec le doigt ou les yeux. Si en suivant une boucle on passe deux fois de suite par-dessus l'autre fil (ou deux fois de suite dessous) c'est comme s'il n'y avait pas de boucle à cet endroit.

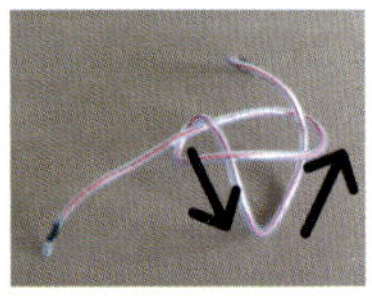

- Si je prends une boucle fermée sans nœud, je peux la tordre dans tous les sens elle restera toujours sans nœud.
  Si je prends une boucle fermée avec un nœud, je peux la tordre dans tous les sens, ça n'enlèvera jamais le nœud.

- Dans un nœud ça ne change rien si une boucle est grande ou petite… mais quand les boucles sont petites on voit mieux. On peut imaginer dans sa tête comment serait le nœud avec une boucle plus petite.

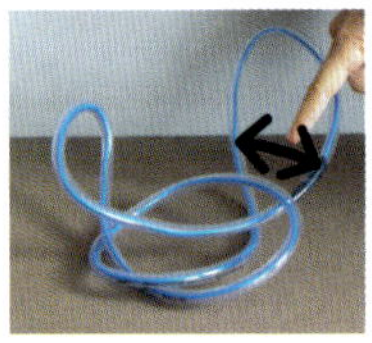

- Dans un vrai nœud, on voit toujours au moins trois croisements de corde. Ici on ne voit que deux croisements, alors il n'y a pas de nœud.

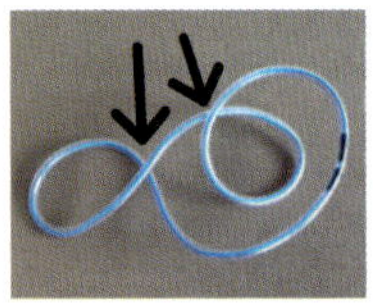

- Parfois on voit plus de trois croisements et il n'y a quand même pas de nœud.

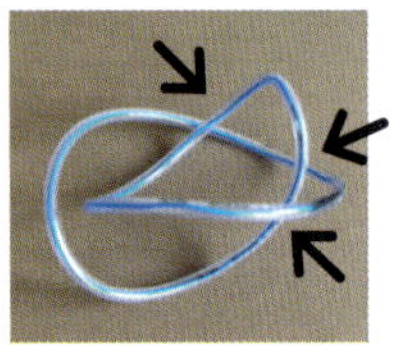

- Même avec ces remarques c'est souvent très difficile de dire sans toucher à la corde s'il y a un vrai nœud ou pas. C'est difficile aussi pour les mathématiciens qui s'intéressent à cette question.

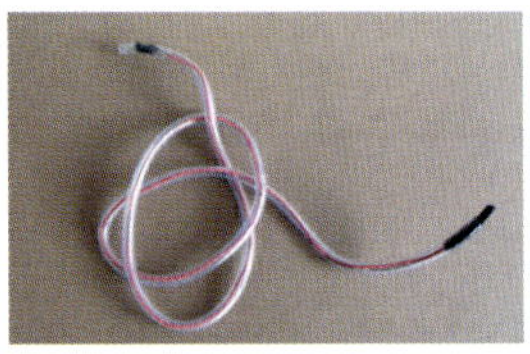

Prolongements et variantes

- Avec un seul brin, demander si en tirant sur les deux extrémités il va se dénouer ou non.
  Les élèves répondent à l'aide de ces étiquettes (💿) :

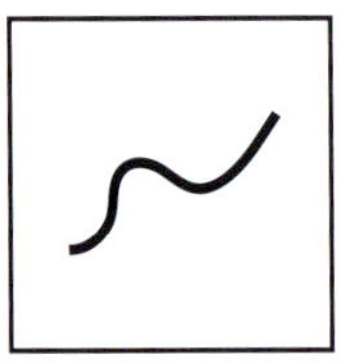

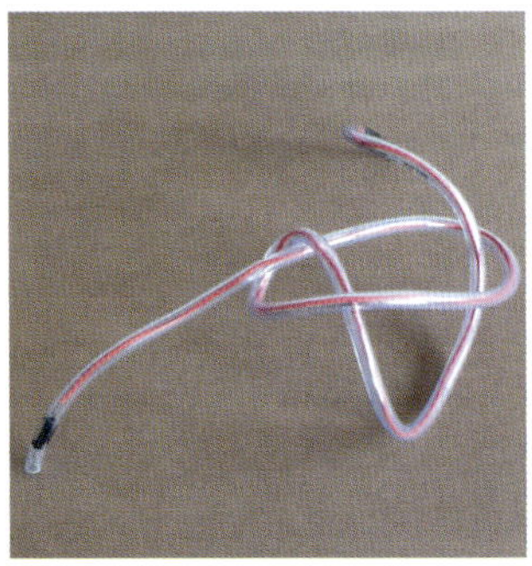

- Présenter aux élèves deux boucles fermées réalisées avec le même type de corde : l'une avec un nœud et l'autre sans.

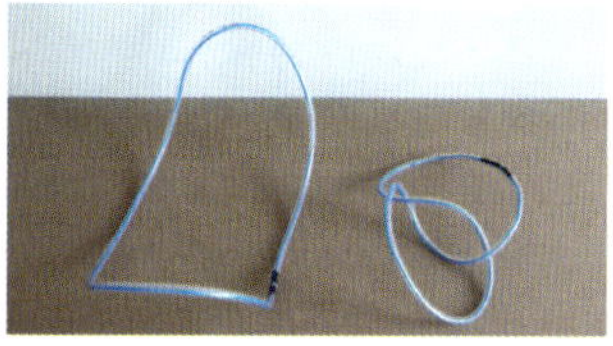

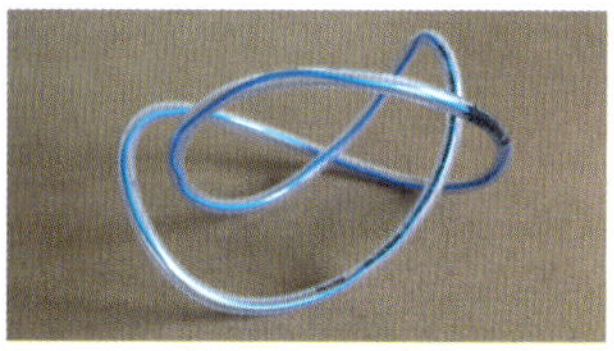

Les élèves ferment les yeux pendant que l'enseignant déforme une des boucles et cache l'autre. Les élèves doivent trouver laquelle des deux boucles leur est présentée.

Les élèves répondent à l'aide de ces étiquettes ( ) :

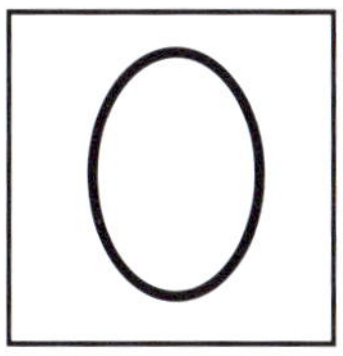

Les nœuds

Ce que nous avons appris en maths

Nous avons appris à faire quelques nœuds.

Nous avons aussi appris à trouver si des cordes sont nouées ou non sans les toucher.

- Cette corde n'est pas nouée : elle se tend si on tire les deux bouts.

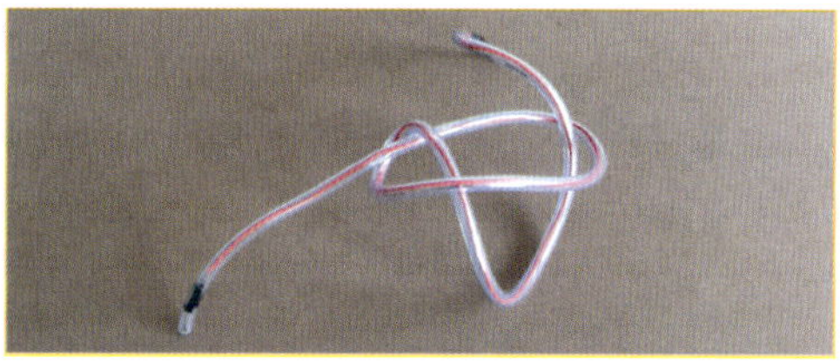

- Si une personne tire les deux bouts de la corde rouge et qu'une autre tire les bouts de la corde bleue, les cordes se séparent. Il n'y a pas de nœud.

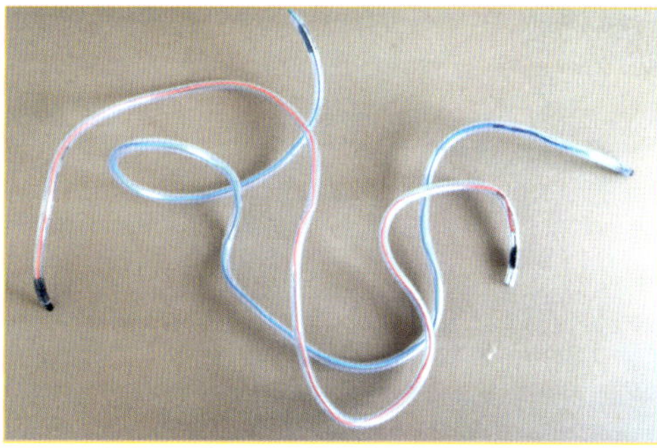

- C'est souvent très difficile de dire sans toucher à la corde s'il y a un vrai nœud ou pas.

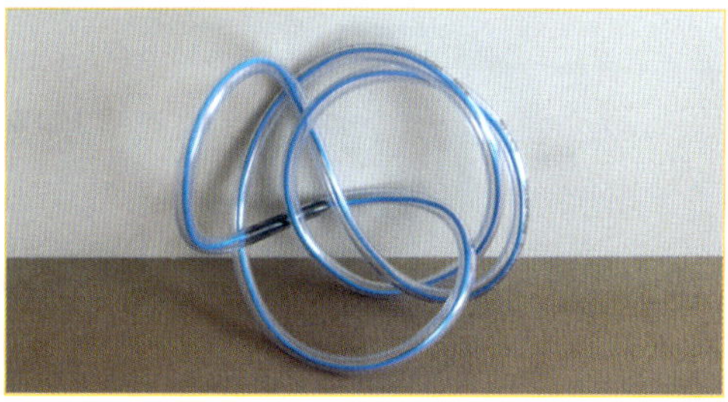

10 Les dessins cachés

Période À partir de la période 3.

Organisation Atelier de 8 à 10 élèves répartis en deux groupes de 4 ou 5.

Matériel Pour chaque groupe de 4 ou 5 élèves :

- 8 fiches.
- Une réserve importante de bandes de carton léger de différentes longueurs et d'environ 1 cm de large (50 par exemple).

Pour chaque élève :

- 1 feuille à son nom sur laquelle il notera les fiches qu'il a réussies.

Présentation de l'activité aux élèves

1

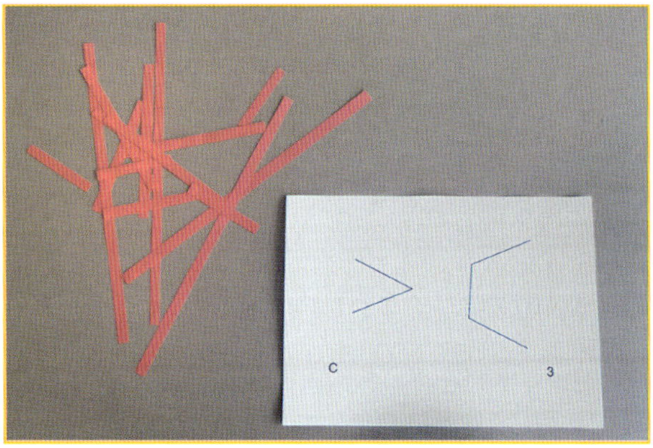

Chaque enfant doit cacher complètement son dessin avec des bandes de carton. Pour l'instant, vous ne vous occupez pas des écritures, vous ne les cachez pas.

2

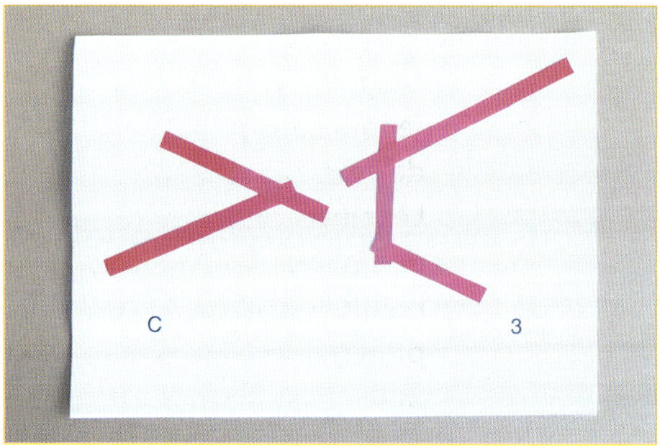

C'est facile, j'ai gagné, dit Moshine.
C'est vrai, Moshine a réussi, et en regardant le travail des autres je pense que tout le monde a réussi.

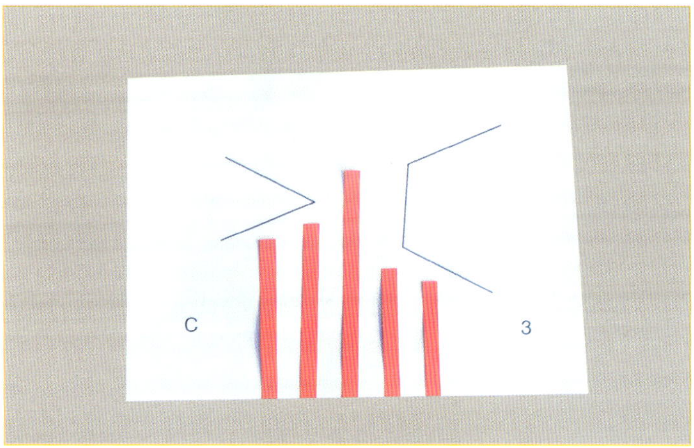

3

Combien de bandes as-tu utilisées, Moshine ?
Cinq.
Très bien. Comme vous êtes très forts, je vais vous demander quelque chose de plus difficile.

4

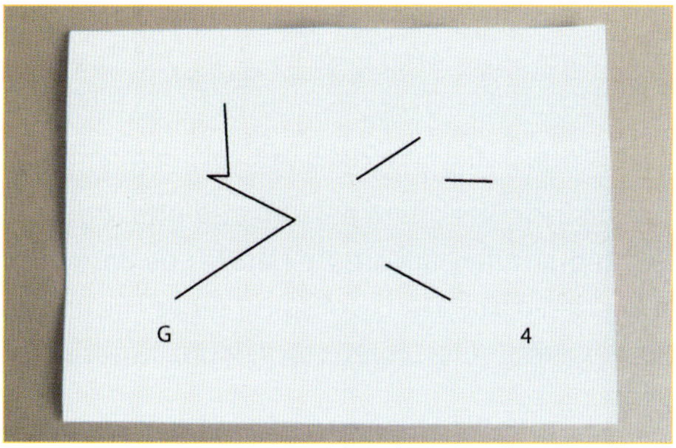

Prenez une autre fiche. Maintenant nous allons nous servir du nombre qui est écrit sur la fiche. Sur la fiche d'Océane il est écrit 4, cela veut dire que pour réussir il faut cacher le dessin avec 4 bandes. Sur la fiche de Cécile il est écrit 3, il faut cacher le dessin avec 3 bandes.

5

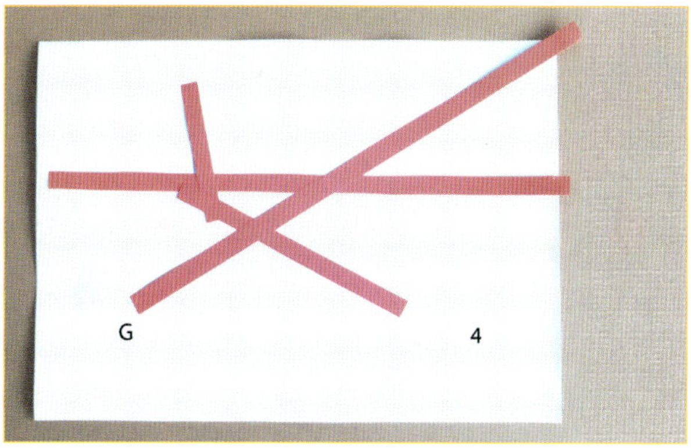

Très bien Océane, tu as réussi à cacher ton dessin avec 4 bandes. Comme il y a un G sur ta fiche, tu écris G sur la feuille avec ton nom. Cela veut dire que tu as réussi cette fiche, tu peux en prendre une autre.

Précisions sur le matériel et le déroulement

Les bandes de carton doivent être de longueurs variées. Les élèves auront probablement tendance au début à utiliser une bande pour chaque segment à cacher, d'une longueur proche de celle du segment.

Les élèves disposant de bandes de différentes longueurs, ils se rendront compte par eux-mêmes de l'intérêt d'utiliser des bandes longues. Comprendre qu'il est plus avantageux d'utiliser des bandes longues permettant de cacher simultanément plusieurs segments alignés est l'enjeu principal de la situation. Il est préférable que l'enseignant ne donne pas d'indication sur ce point. Mais il l'explicite quand les élèves le font.

Exemples de formulation des savoirs par l'enseignant

- Tous les dessins de ces fiches sont faits avec des petits traits bien droits, chaque petit trait bien droit s'appelle un segment.
- Parfois on peut cacher plusieurs segments avec un seul carton bien droit, ces segments sont alignés.
- C'est plus facile de trouver les segments alignés en utilisant des bandes longues.

Formulation adaptée à la variante 1 :

- Pour utiliser moins de bandes, il faut chercher les segments alignés.
  Quand on peut placer une règle le long de deux segments à la fois, ces segments sont alignés.
  Quand deux segments sont alignés, on peut poser une règle qui suit les deux segments à la fois.

Formulation adaptée à la variante 2 :

- Pour dessiner des segments alignés, on peut tracer un très grand segment puis en effacer des morceaux.

Prolongements et variantes

- **L'anticipation**

Les fiches ne comportent plus de nombre (voir). Chaque élève dispose d'une enveloppe ou une boite fermée contenant des étiquettes-nombres de 1 à 8 () et d'une règle plate. L'élève doit placer sur sa boite l'étiquette indiquant le nombre de bandes de carton qu'il va prendre avant de toucher aux bandes (mais rien n'interdit d'utiliser la règle). Pour réussir, il faut cacher le dessin avec le nombre de bandes prévu. C'est mieux si on n'utilise pas beaucoup de bandes.

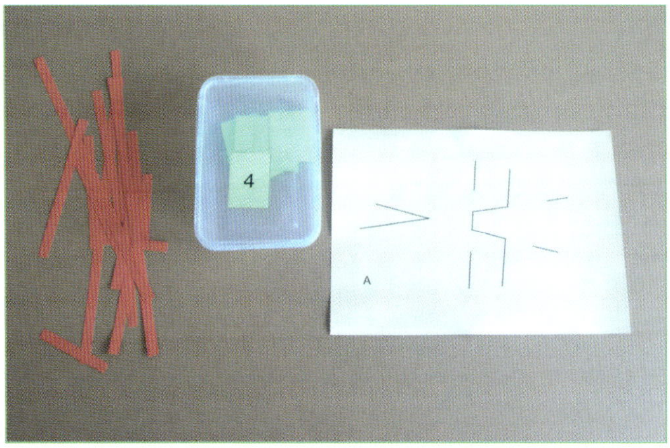

Les élèves (ou l'enseignant) reportent ensuite leurs résultats sur un tableau analogue à celui-ci :

	A	B	C	D	E	F	G
Arlette	3	5		5		3	4
Anne	3	5	3	5	3	3	4
Adèle	5	5			4	3	4
Moshine	3	5	3	4	3		4
Séraphin	3	4	3	6	3		4

Ce tableau peut servir au maitre pour décider de ses interventions individuelles.

On peut aussi l'utiliser comme support pour renvoyer certaines questions au groupe d'élèves : *Pour la fiche B, Séraphin a-t-il eu une idée à laquelle personne d'autre n'a pensé ou s'est-il trompé ? Pour la fiche G, vous avez tous utilisé quatre bandes, êtes-vous sûrs qu'on ne pouvait pas réussir avec 3 bandes ?*

- **Fabrication de fiches**

On peut proposer aux enfants de fabriquer d'autres fiches pour ce travail.
Pour cela, on leur indiquera la marche à suivre suivante :

1. Tracer à l'aide d'une règle plusieurs traits bien droits et très fins au crayon (HB ou 2H) sans appuyer.
2. Repasser au stylo ou au feutre certains segments choisis sur les tracés précédents.
3. Effacer les traits de crayon qui n'ont pas été repassés.

Les dessins cachés

Ce que nous avons appris en maths

Nous avons appris à reconnaitre les segments qui sont alignés sur des dessins comme celui-ci :

- Quand deux segments sont alignés, on peut poser une règle qui suit les deux segments à la fois.
- Quand deux segments sont alignés, on peut aussi les cacher avec une seule bande mince bien droite.

11

Le musée des formes plates

Période À partir de la période 3.

Organisation Atelier dont l'effectif est limité par le nombre de pièces disponibles.

Matériel Au moins 20 carrés et triangles équilatéraux par élève (type Polydron® ou matériel à imprimer à partir du CD).

Présentation de l'activité aux élèves

1

Nous allons travailler avec ces formes.

2

Vous allez les assembler à plat sur la table pour fabriquer des formes plus compliquées, par exemple celles-ci. Attention, il faut utiliser exactement 4 pièces pour chaque forme, ni plus ni moins. Inventez toutes les formes que vous pouvez.

Précisions sur le matériel

Si on ne dispose pas de matériel type Polydron®, on peut découper des carrés et des triangles préalablement imprimés sur du carton léger () et les assembler à l'aide de ruban adhésif. Contrairement au travail sur les solides, un découpage un peu imprécis ne gêne pas le travail.

Précisions sur le déroulement

- Contrairement au travail sur les solides, on recherche ici l'exhaustivité, il faudra donc que l'enseignant aide à organiser le travail. Il suggèrera de répartir les formes en plusieurs familles :
  – celles qui utilisent 4 carrés ;
  – celles qui utilisent 3 carrés et 1 triangle ;
  – etc.

- La catégorie des formes réalisées avec deux carrés et deux triangles contient un grand nombre de formes.
  Les deux carrés peuvent se toucher par un côté ou par un sommet ou pas du tout. Il en est de même pour les deux triangles.
  Pour aider à chercher toutes les possibilités l'enseignant proposera ce tableau à double entrée formé à partir de feuilles A4 ou A3 posées sur le sol ou sur une table. Ce tableau permet de tenir compte à la fois des positions relatives des deux carrés et des deux triangles.

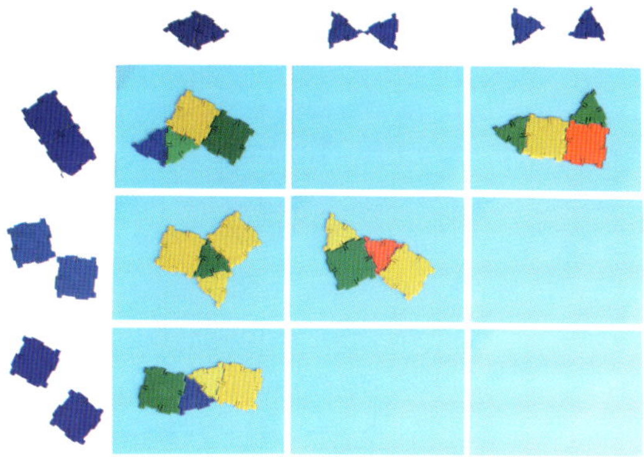

Quand l'enseignant introduit le tableau, il explicite la signification des pièces placées à l'extérieur :
– Ici, il y a deux carrés qui se touchent par un côté, ça veut dire que dans cette ligne, en haut du tableau, on ne met que des figures où les deux carrés se touchent par un côté.
– Ici, il y a deux triangles qui ne se touchent pas du tout, ça veut dire que dans cette colonne, à droite du tableau, on ne met que des figures où les triangles ne se touchent pas.

Ensuite il pose des questions comme :

– Dans quelle case faut-il ranger cette figure ?

– Une des figures déjà faites va-t-elle dans cette case ?

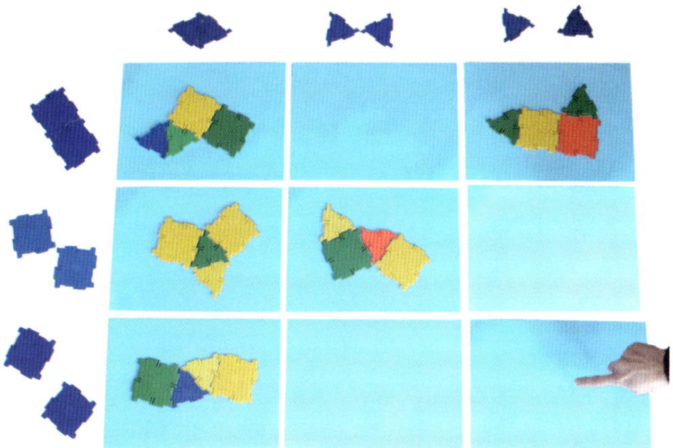

Quand les élèves ont compris l'utilisation du tableau, l'enseignant relance la recherche de nouvelles figures :
Certaines cases du tableau sont vides, peut-on inventer des figures pour ces cases ?
Pour les cases où il y a déjà une figure, peut-on en trouver d'autres ?

Exemples de formulation des savoirs par l'enseignant

- Pour savoir si deux figures sont identiques, on essaie de les poser exactement l'une sur l'autre. Quelquefois, pour poser exactement une figure sur une autre, il faut la retourner.

- Pour trouver plus facilement de nouvelles figures avec 4 pièces, on peut faire des familles de figures : les figures avec 4 carrés, les figures avec 3 carrés et 1 triangle, les figures avec 2 carrés et 2 triangles…

- Dans cette figure les deux triangles se touchent par un côté.
Les deux carrés se touchent aussi, mais seulement par un sommet.

- Avec 4 carrés on peut fabriquer un grand carré.

- Avec 4 triangles équilatéraux on peut fabriquer un grand triangle équilatéral.

Ce que nous avons appris en maths

Nous avons essayé de trouver toutes les figures qu'on peut obtenir en assemblant quatre formes. Ces formes sont des carrés ou des triangles équilatéraux : leurs trois côtés sont de même longueur.

- Pour savoir si deux figures sont identiques, il faut essayer de les poser exactement l'une sur l'autre.

  Quelquefois, pour poser exactement une figure sur une autre, on est obligé de la retourner.

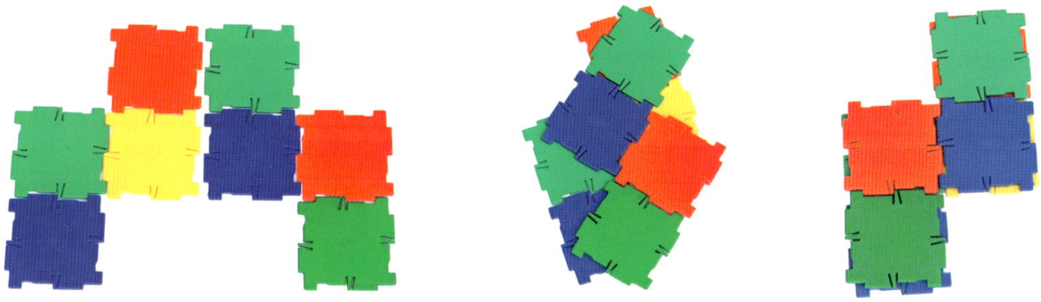

- C'est plus facile de ne pas en oublier si on classe les figures par familles :
  – les figures avec 4 carrés.
  – les figures avec 3 carrés et 1 triangle.
  – les figures avec 2 carrés et 2 triangles.
  – les figures avec 1 carré et 3 triangles.
  – les figures avec 4 triangles.

- Dans la famille avec 4 triangles, nous avons trouvé 3 figures différentes et nous pensons qu'il n'y en a pas d'autre.

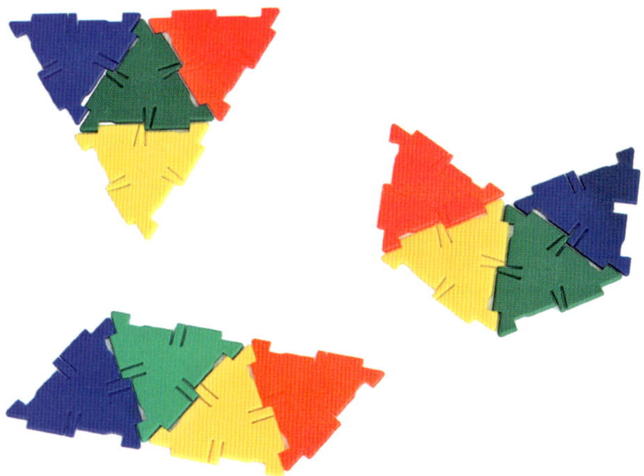

12 La même forme

Période À partir de la période 4.

Organisation Atelier de 8 à 12 élèves.

Matériel Pour chaque élève :

- 1 jeu de cartes à formes.

Pour l'enseignant :

- Le même jeu de cartes.
- 1 carré et 1 triangle réalisés en fil de fer, brochettes, baguettes fines ou autre matériel évoquant des lignes.
- 1 jeu d'étiquettes-phrases.

Présentation de l'activité aux élèves

1

Nous avons chacun 12 cartes avec des dessins géométriques. Sur chaque carte il y a un carré et un triangle.

2

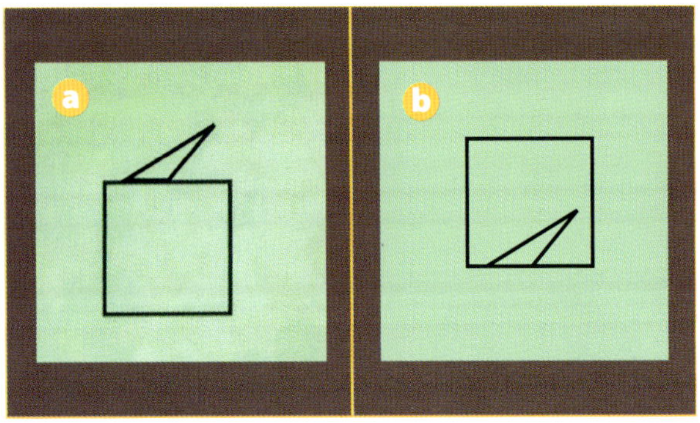

Nous avons tous les mêmes dessins. Vérifiez que vous avez bien celui-ci a et celui-là b.

3

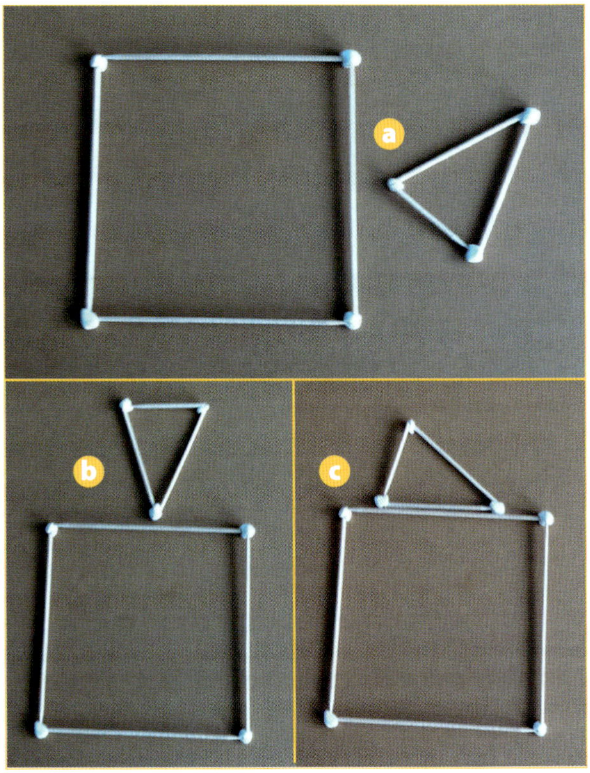

Je choisis une de mes cartes, je la retourne pour ne pas vous la montrer. Votre travail est de trouver la même carte que moi. Je vais vous aider en vous donnant des indications. Sur la carte que j'ai choisie, le triangle est à l'extérieur du carré, il est en dehors du carré, peut-être comme ça a,
ou comme ça b,
ou encore comme ça c.

4

Sur cette étiquette, il est écrit « Le triangle est à l'extérieur du carré ». Je la place ici pour ne pas oublier les indications que j'ai données.

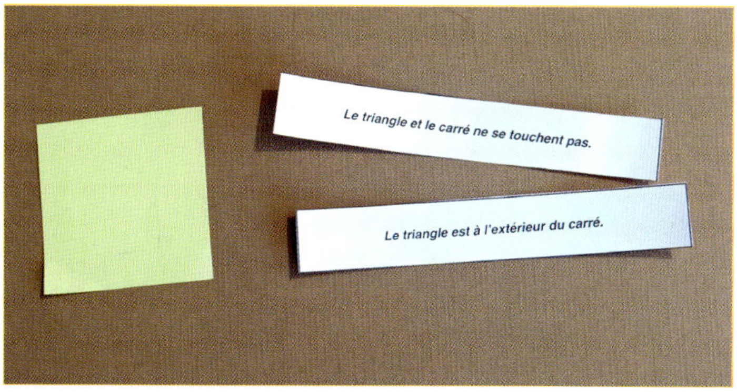

5

Je pense que vous avez plusieurs cartes où le triangle est à l'extérieur du carré. Vous les voyez ? Je vais vous donner une autre indication pour trouver le bon dessin : sur le dessin que j'ai choisi, le triangle et le carré ne se touchent pas. Je sors l'étiquette-phrase sur laquelle c'est écrit.

6

Si vous voyez une carte où le triangle est en dehors du carré et ne touche pas le carré, retournez-la pendant que les autres continuent à chercher.
Ludovic n'a pas la même carte que moi, peut-être a-t-il raison quand même.

7

Reprenons les étiquettes-phrases.
Sur cette étiquette il est écrit : « Le triangle et le carré ne se touchent pas. » Sur ta carte, Ludovic, le triangle et le carré se touchent ou pas ? *Je sais pas.*
Les autres, qu'en pensez-vous ?

Précisions sur le matériel

- Il est important que le triangle et le carré utilisés par l'enseignant pour illustrer les étiquettes-phrases soient fabriqués avec un matériau évoquant des lignes et non des surfaces.
  En effet, les mots « carré » et « triangle » peuvent désigner des lignes fermées ou les surfaces limitées par ces lignes. Nous avons choisi dans cette situation de privilégier l'aspect « ligne ».
  Nous disons, par exemple, à propos de cette figure que le triangle est à l'intérieur du carré :

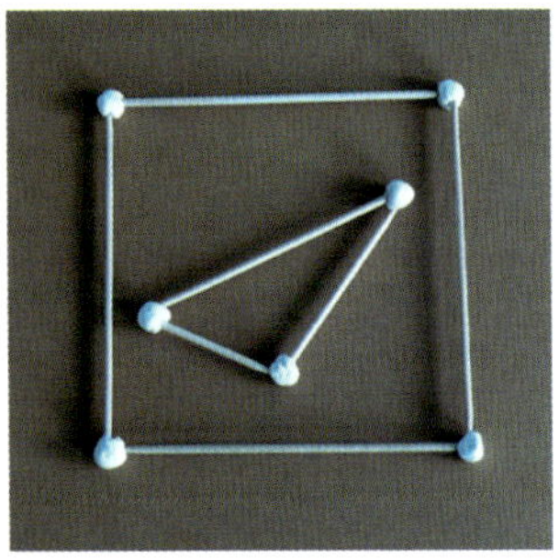
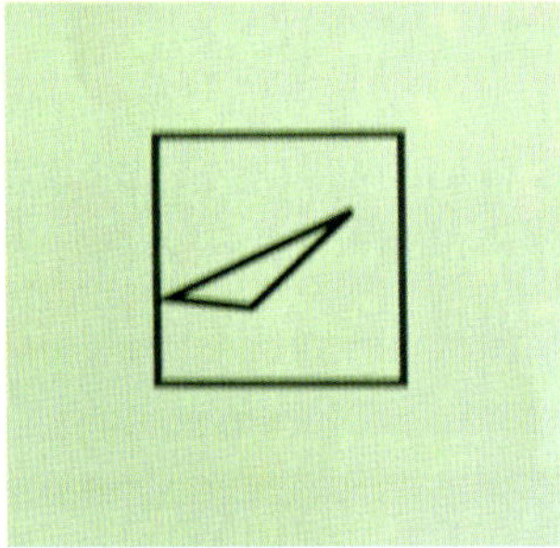

Pour décrire la même disposition d'un triangle et d'un carré réalisés dans un matériau plein, on dirait plutôt que le triangle est posé sur le carré.

Par ailleurs, l'aspect change sensiblement selon la surface qui est placée dessous et celle qui est placée dessus.

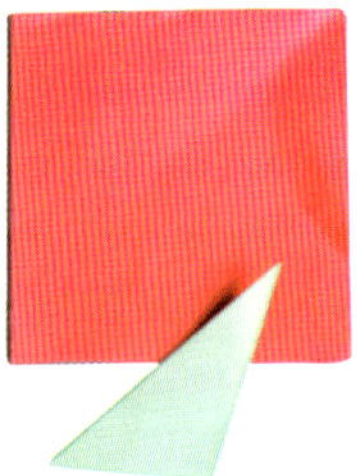
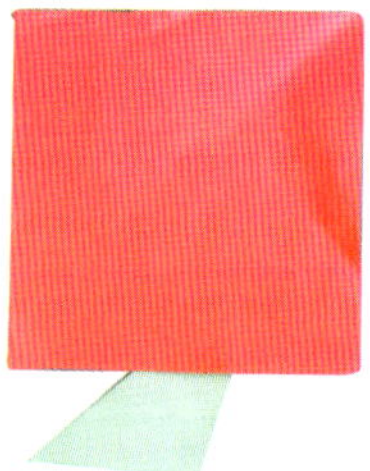

- Sur le CD, un jeu de cartes avec des carrés et des rectangles est également proposé, ainsi que les étiquettes-phrases correspondantes.

Précisions sur le déroulement

- La carte qui a été décrite est remise dans le jeu pour la recherche suivante.
- Même quand la situation est devenue familière il reste important de laisser aux élèves un temps suffisant de réflexion après chaque nouvelle indication.
- À chaque fois que l'enseignant utilise une nouvelle formulation, il l'illustre à l'aide du triangle et du carré fabriqués comme indiqué dans la présentation de l'activité.

  « Un sommet du triangle et un sommet du carré se touchent, comme ça ou comme ça. »

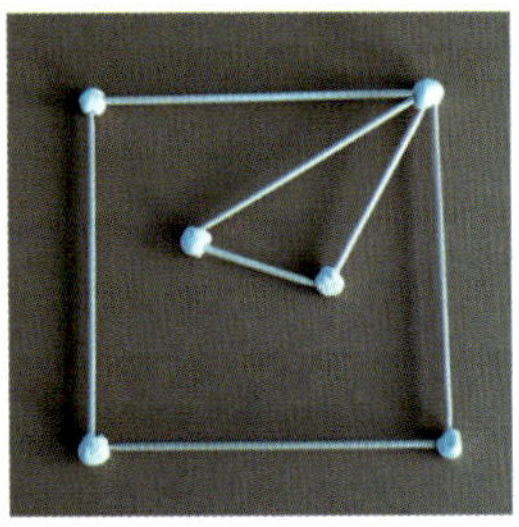
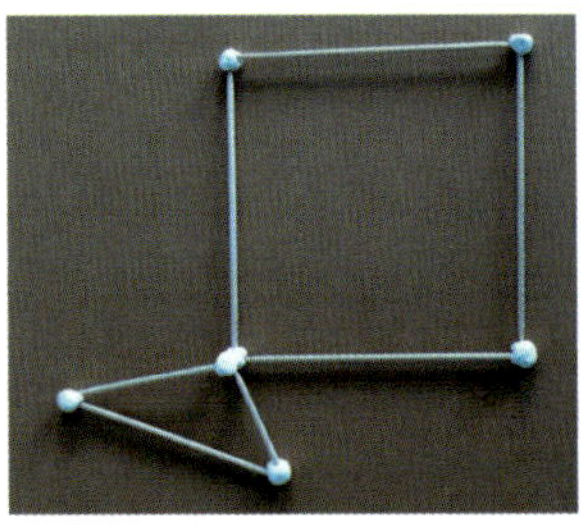
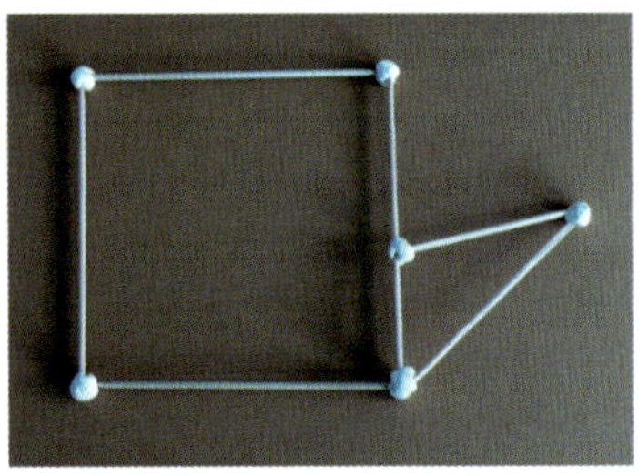

« Un côté du carré coupe deux côtés du triangle. »

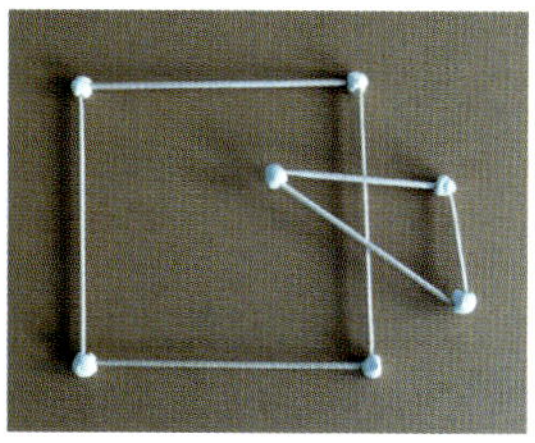

- Dans cette situation, il n'y a pas au sens strict de validation. On vérifie seulement que l'enseignant et les élèves sont d'accord. Il peut arriver que, par erreur, l'enseignant donne une description incomplète pour laquelle deux figures conviennent. Un élève peut alors avoir une figure différente de celle du maitre sans avoir commis d'erreur. C'est pourquoi il est important de garder une trace écrite des critères énoncés afin de vérifier collectivement si les figures proposées respectent ou non ces critères.

Exemples de formulation des savoirs par l'enseignant

- Le triangle est à l'intérieur du carré.
- Un sommet du triangle est à l'intérieur du carré.
- Un côté du carré coupe deux côtés du triangle.
- Un sommet du carré est sur un côté du triangle.
- Un sommet du triangle est sur un côté du carré, juste au milieu du côté.
- Un sommet du triangle est sur un côté du carré, mais pas au milieu.
- Un sommet du triangle et un sommet du carré se touchent.
- Pour trouver facilement la bonne carte après chaque indication, on peut mettre de côté toutes les cartes qui conviennent.

Prolongements et variantes

- Quand l'enseignant a lui-même décrit les figures un grand nombre de fois, il peut confier la description d'une carte à un élève. L'atelier ne peut pas être autonome pour autant.
  Si un élève utilise une formulation proche d'une étiquette-phrase, par exemple « y a un coin du triangle qui est dedans le carré », l'enseignant lit l'étiquette-phrase qui correspond et demande l'accord de l'élève : « est-ce que je peux sortir l'étiquette-phrase " un sommet du triangle est à l'intérieur du carré " ? »
  Si un élève utilise une formulation ne ressemblant à aucune étiquette-phrase existante, par exemple « toutes les pointes du triangle sont en dehors du carré », l'enseignant reformule au besoin pour créer une nouvelle étiquette-phrase : « puis-je écrire les trois sommets du triangle sont à l'extérieur du carré ? »
  Quand un élève ne réussit pas à décrire sa carte, l'enseignant l'aide en lui posant des questions : « Sur ta carte, le triangle et le carré se touchent ou ils ne se touchent pas ? »
- Prendre au hasard deux étiquettes-phrases et chercher collectivement s'il existe des figures répondant à ces deux critères. On découvrira ainsi que certains critères sont incompatibles.
- Prendre au hasard deux étiquettes-phrases et dessiner à main levée une figure qui respecte ces deux critères.

Ce que nous avons appris en maths

Nous avons appris à retrouver un dessin géométrique à partir d'une description.

- Sur ce dessin, le triangle est à l'intérieur du carré et un sommet du triangle touche un côté du carré.

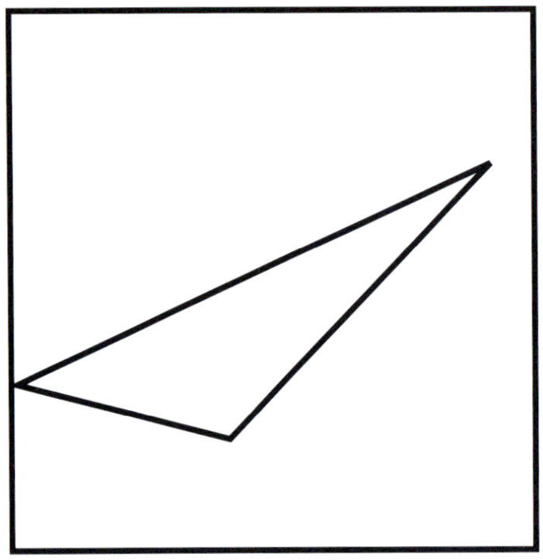

- Sur ce dessin, deux sommets du triangle sont à l'intérieur du carré et un sommet du triangle est à l'extérieur du carré.

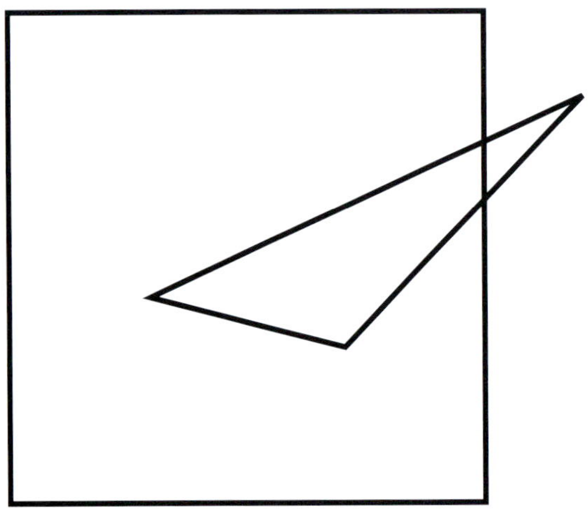

13 Le rangement par poids

Période À partir de la période 4.

Organisation Par groupe de quatre élèves. Deux groupes peuvent fonctionner simultanément.

Matériel Pour chaque groupe de quatre élèves :

- 1 balance de Roberval.
- 4 boites identiques dont les couvercles sont marqués de couleurs différentes. Dans chaque boite : 1 carton sur lequel sont collés 1, 2, 3 ou 4 écrous.
- 1 bande en carton à 4 cases numérotées de 1 à 4.

Présentation de l'activité aux élèves

1

Aujourd'hui nous allons travailler avec ces boites. Elles sont toutes pareilles, sauf les couvercles qui sont de différentes couleurs.

2

Solène, tu veux bien ouvrir les boites doucement et les remettre sur la table, nous allons regarder ce qu'il y a dedans.
Qu'est-ce que vous voyez dans les boites ?
Des trucs en fer.
Ce sont des écrous, ils sont tous pareils. Il y a une boite avec un écrou, une avec 2 écrous, une avec 3 écrous et une avec 4 écrous.

3

Pour gagner à ce jeu, il faudra réussir à remettre les boites comme ça : la boite avec un écrou sur le 1, la boite avec deux écrous sur le 2 et pareil pour 3 et 4.

4

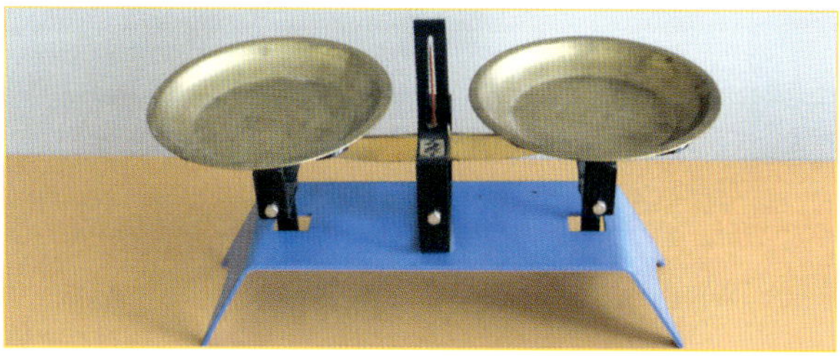

Attention, ça a l'air facile, mais ça ne l'est pas du tout parce qu'on n'aura pas le droit d'ouvrir les boites, on pourra seulement utiliser cette balance.

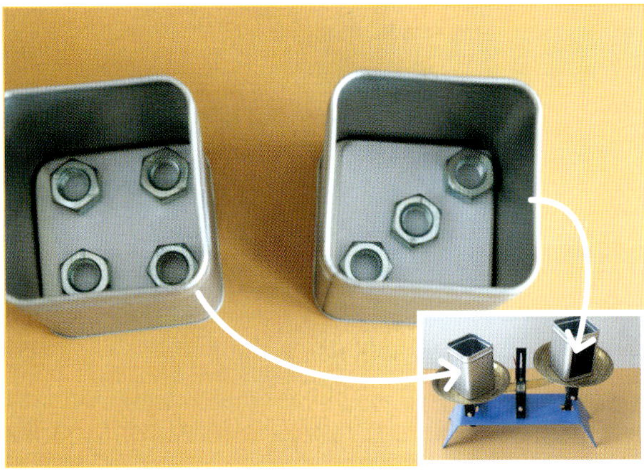

5

Regardez, je prends la boite avec 3 écrous et celle avec 4 écrous… et je les pose tout doucement sur la balance.
La boite avec quatre écrous descend : 4 c'est plus que 3, alors le côté avec 4 écrous est plus lourd, il descend.

6

Maintenant, ça devient plus difficile. Je prends la boite 3 et la boite 4, mais vous fermez les yeux pendant que je mets les couvercles. Tout le monde a les yeux fermés ? Vous pouvez ouvrir les yeux.

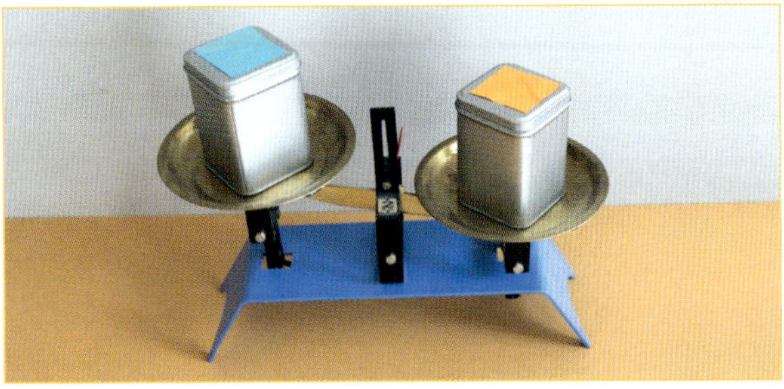

7

Anne, prends les deux boites et pose-les doucement sur la balance.

8

Essaie maintenant de poser chaque boite sur le bon nombre, celle qui a quatre écrous sur le 4 et celle qui a trois écrous sur le 3. Vous êtes d'accord avec Anne ? *Oui, oui.*

9

Ouvre les boites, Anne, nous allons voir si vous avez raison.
J'ai gagné !

10

Maintenant, je prends toutes les boites : un, deux, trois et quatre, il faudra les mettre chacune sur le bon nombre.
Fermez les yeux, je mets les couvercles.
Ouvrez les yeux. Lolita, tu veux commencer ? Il n'y a que Lolita qui touche les boites. Les autres peuvent donner des conseils, mais sans toucher.
Quand Lolita aura terminé, ce sera à votre tour.

Précisions sur le matériel

On choisira des écrous tous identiques et les plus lourds possibles afin que les pesées soient sans ambiguïté.
Les boites et les cartons sur lesquels sont collés les écrous doivent également être identiques.

Précisions sur le déroulement

- Avant ce travail, les élèves doivent avoir utilisé la balance de Roberval pour comparer des masses ou réaliser des équilibres. Cette phase de familiarisation peut être longue (voir par exemple les situations « la balance (1) » et « la balance (2) » proposées dans le volume PS-MS).
- La phase initiale où on compare les masses de boites ouvertes est cependant nécessaire : une boite avec 3 écrous n'est plus lourde qu'une boite à 2 écrous que parce que les écrous sont tous identiques (comme les boites et les cartons sur lesquels sont collés les écrous). Il faut que tous les élèves soient convaincus que la boite comportant le plus grand nombre d'écrous est toujours la plus lourde avant de passer aux comparaisons boites fermées. Pour cela il faudra effectuer plusieurs comparaisons avec la boite ouverte (il n'y en a qu'une donnée en exemple dans le récit).

Exemples de formulation des savoirs par l'enseignant

- Les écrous sont tous pareils et bien lourds, alors la boite qui a le plus d'écrous est toujours la plus lourde.
- Cette boite rouge est plus lourde que la boite verte, mais ce n'est pas forcément la plus lourde de toutes les boites.
- Pour placer toutes les boites, on peut commencer par chercher celle qui a quatre écrous : elle est plus lourde que toutes les autres.
- Pour placer toutes les boites, on peut commencer par chercher celle qui a un écrou : elle est moins lourde que toutes les autres.
- Quand on compare deux boites, si on se souvient laquelle est la plus lourde, ce n'est pas la peine de recommencer.

Prolongements et variantes

Reprendre le même travail avec des boites de 1 à 6 écrous. Alors qu'avec 4 boites on peut éventuellement réussir par chance, il est indispensable pour réussir avec 6 boites de s'organiser en cherchant par exemple la boite la plus lourde, puis la plus lourde parmi celles qui restent.

Le rangement par poids

Ce que nous avons appris en maths

Nous avons appris à ranger plusieurs boites de la plus lourde à la moins lourde à l'aide d'une balance à deux plateaux.

- On peut commencer par chercher quelle boite est la plus lourde de toutes.
- La boite orange est plus lourde que la boite bleue, mais ce n'est pas forcément la plus lourde de toutes les boites.

Le rangement par poids

Ce que nous avons appris en maths

Nous avons appris à ranger plusieurs boites de la plus lourde à la moins lourde à l'aide d'une balance à deux plateaux.

- On peut commencer par chercher quelle boite est la plus lourde de toutes.
- La boite orange est plus lourde que la boite bleue, mais ce n'est pas forcément la plus lourde de toutes les boites.

14 Les constructions

Période À partir de la période 4.

Organisation Atelier de 6 à 8 élèves.

Matériel Pour chaque élève et pour l'enseignant :

- 3 grandes briques Duplo® et 3 petites (ou des pièces d'un autre jeu de construction).
- 1 support pour la construction à reproduire.

Présentation de l'activité aux élèves

1

Nous allons essayer de faire des constructions toutes pareilles.
J'ai préparé des exemples : si nous fabriquons ces trois constructions, c'est réussi, on peut les tourner dans tous les sens, elles sont exactement pareilles.
Elles ne sont pas pareilles, c'est pas la même couleur.
Tu as raison, ce ne sont pas les mêmes couleurs, mais pour ce travail ça n'a pas d'importance, on regarde seulement la forme.

2

Mais avec ces trois constructions ce ne serait pas réussi, elles se ressemblent, mais si on regarde de tous les côtés, elles ne sont pas exactement pareilles.

3

Pour le premier essai, je fais le modèle que vous allez essayer de reproduire. J'utilise 3 petites briques et 3 grandes, vérifiez que vous avez aussi 3 petites briques et 3 grandes.

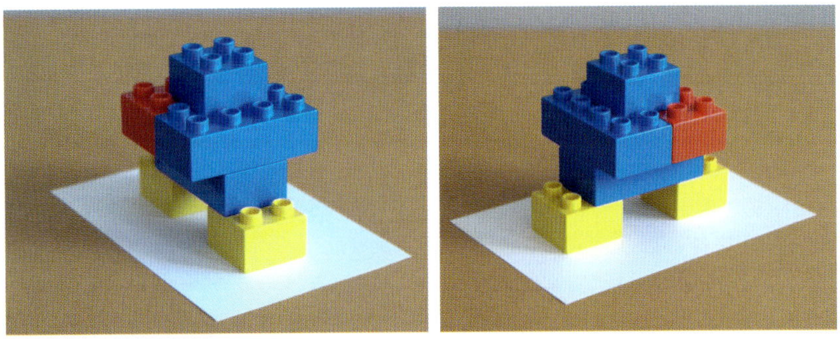

4

À vous de construire. Vous avez le droit de tourner ma construction en la laissant sur sa feuille pour mieux la voir, mais vous demandez d'abord aux autres s'ils sont d'accord pour ne pas les gêner.

5

Regardons si toutes les constructions sont identiques, on voit mieux en plaçant une construction à la fois juste à côté du modèle puis en les tournant.

Précisions sur le matériel

- Certains jeux de construction permettent de placer deux pièces dans un grand nombre de positions l'une par rapport à l'autre. Cela ne convient pas pour cette situation car des constructions seraient très souvent proches sans être tout à fait identiques.
- Si on ne dispose pas d'un grand nombre de briques, on peut utiliser pour les exemples d'introduction les briques qui seront ensuite distribuées aux élèves.
- Le nombre de pièces proposé est indicatif mais si on l'augmente, la difficulté augmente très vite, en particulier dans les prolongements.

Précisions sur le déroulement

- Après quelques essais où il aura proposé des modèles simples, l'enseignant peut confier à un élève le soin de fabriquer le modèle à reproduire. Il limitera alors le nombre de pièces à 6 maximum. L'élève qui a fabriqué le modèle peut comme les autres en réaliser une copie.
- Dans la dernière photo de présentation de l'activité aux élèves (étape 5), les deux constructions ont la même forme sans avoir été réalisées de la même manière : un bloc de deux briques doubles est orienté différemment. Décider si ces constructions sont identiques est une convention mais nous pensons préférable de convenir qu'elles sont identiques après avoir montré que les deux blocs ont les mêmes dimensions en les rapprochant puis en les superposant.

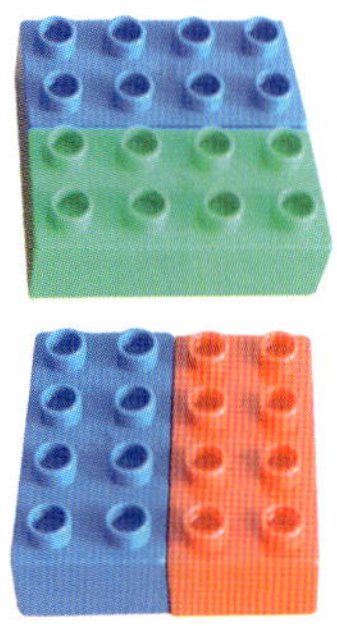

Exemples de formulation des savoirs par l'enseignant

- Pour être sûr que deux constructions sont identiques, il faut les regarder de plusieurs côtés.
- Certaines constructions sont plates, comme si on les avait découpées dans une planche. Elles sont plus faciles à reproduire.

- Quelquefois deux constructions se ressemblent beaucoup mais on ne peut pas les placer exactement dans la même position. Chaque construction est comme l'image de l'autre dans un miroir.

Prolongements et variantes

- Laisser un temps d'observation de la construction à reproduire puis la cacher pendant que les élèves la reproduisent.
- Faire dessiner le modèle, en précisant qu'on peut faire plusieurs dessins de la même construction sur sa feuille. Les dessins et le modèle sont archivés. Dans une autre séance, on ressort les dessins et chacun essaie de reproduire le modèle, d'abord à l'aide de ses dessins, puis en mettant en commun tous les dessins. Cette activité étant difficile, on la pratiquera d'abord avec des modèles « plats ». Il n'est pas attendu que les élèves réussissent des reproductions parfaites au premier essai.

Ces trois photos montrent un modèle ①, un dessin d'élève ② et sa tentative de reproduction ③ à l'aide du modèle. Pour un premier essai, il s'agissait d'une production de très grande qualité.

①

②
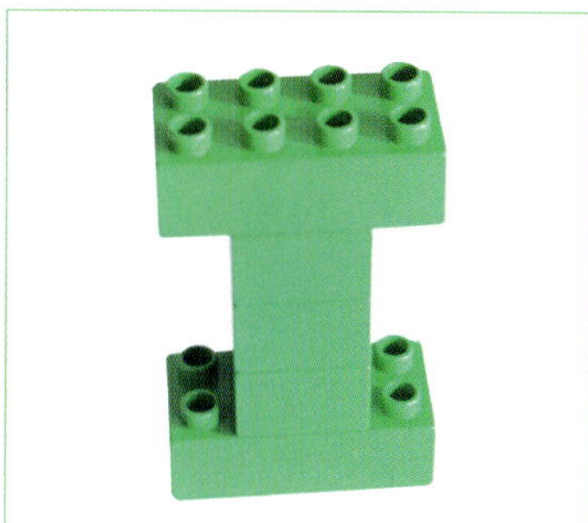
③

D'autres dessins réalisés pour reproduire des modèles de difficulté proche montrent à la fois la difficulté de la tâche et la variété des solutions imaginées par les élèves.

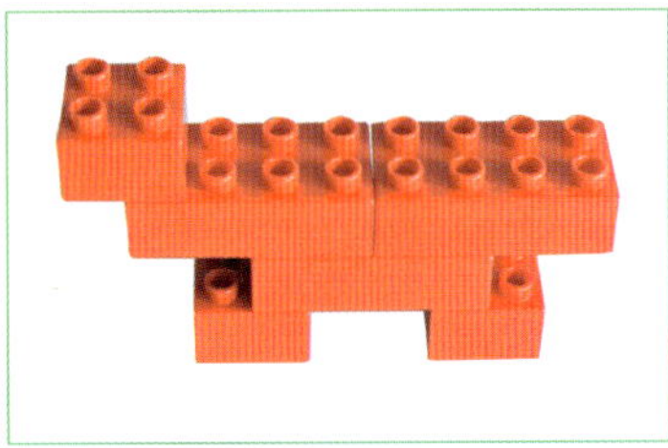

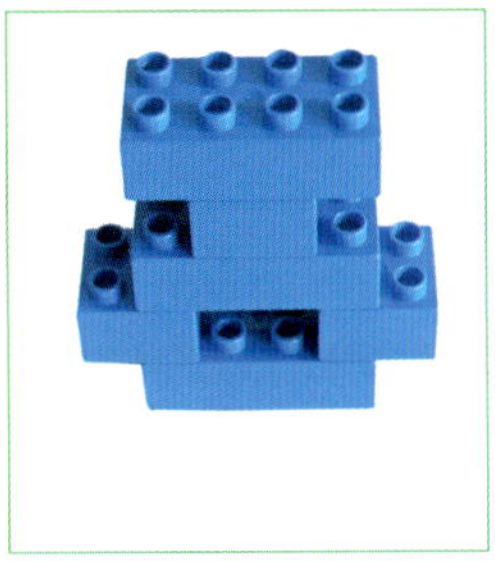

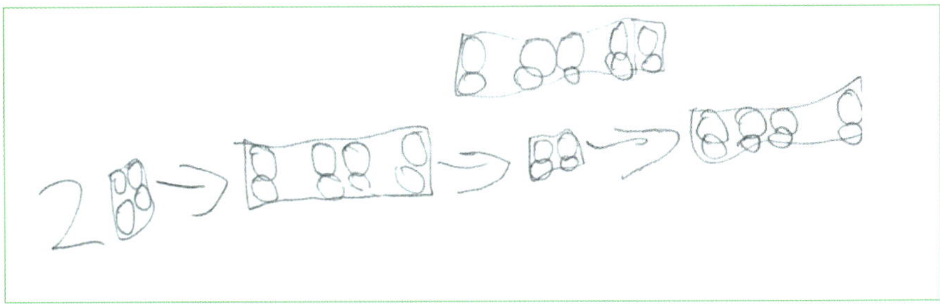

L'enseignant mettra en valeur les éléments de ressemblance entre le modèle et les reproductions même si celles-ci ne sont pas exactement conformes. Il peut également proposer de modifier ou compléter les dessins du même modèle en vue d'une nouvelle tentative de reproduction lors d'une troisième séance.

La comparaison des dessins et des réalisations permet de faire des remarques intéressantes pour les tentatives suivantes :
- C'est plus facile de refaire la construction si chaque brique est dessinée.
- Dessiner les picots visibles peut parfois aider.
- Quand le modèle n'est pas plat, c'est difficile de montrer tout ce qu'il faut savoir avec un seul dessin.

Les constructions

Ce que nous avons appris en maths

Nous avons appris à reproduire des constructions.

- Quand ces constructions sont toutes plates, comme si elles étaient découpées dans une planche, c'est plus facile.

- Pour être sûr de bien reproduire une construction, il faut la regarder de plusieurs côtés.

Vues comme ça, ces constructions ont l'air identiques :

Mais si on les tourne, on voit qu'elles ne le sont pas :

15 Les deux feuilles

Période Période 4.

Organisation Atelier de 8 élèves environ pour réaliser les premières formes. Les temps de recherche qui suivent peuvent se faire soit en atelier soit avec tout le groupe classe.

Matériel
- Feuilles de papier format A4.
- Feutres d'au moins trois couleurs.
- Colle.

Présentation de l'activité aux élèves

Phase initiale de réalisation de figures

1

Regardez bien ce que je fais parce que vous devrez faire le même travail ensuite. J'ai deux feuilles et je dois commencer par les coller ensemble. Il ne faut pas qu'elles soient exactement l'une sur l'autre, elles peuvent être comme ça par exemple ❶. Elles peuvent être aussi comme ça ❷. Si ça fait une forme bizarre, c'est très bien.

2

Ensuite, je fais le tour de la forme que j'ai fabriquée avec des feutres, en suivant bien le bord. Attention, à chaque fois qu'il y a un virage, que je ne continue pas tout droit, je change de couleur.

3

À la fin, il faut faire très attention, parce que je ne veux pas que deux traits de la même couleur se touchent.
Ici, je ne peux pas terminer avec du bleu, ni avec du rouge.

4

Pour finir, je compte les traits de couleur que je viens de dessiner, ils s'appellent des côtés. 3 côtés rouges et 3 côtés bleus, c'est 6 côtés. Il y a aussi 1 côté vert, ça fait 7 côtés en tout. J'écris 7 en grand.

5 Maintenant c'est à vous, vous allez faire la même chose avec deux formes ou trois formes si vous avez le temps, puis nous rangerons bien ce que vous aurez fait car nous nous en servirons la prochaine fois.

Phase de recherche

On affiche les figures ayant été réalisées précédemment. On a trouvé des formes à 6 côtés, 7 côtés, 8 côtés et 10 côtés, mais pas 9… Peut-on inventer une figure à 9 côtés ?

Beaucoup de questions se posent assez naturellement mais elles dépendent évidemment de l'échantillon dont on dispose. On peut par exemple demander :
On a trouvé trois figures à 8 côtés et seulement une à 6 côtés. Est-ce qu'il y a d'autres façons d'obtenir 6 côtés ? Peut-on obtenir moins que 6 côtés ? Peut-on obtenir plus que 13 côtés ?

Précisions sur le déroulement

- La phase de réalisation des figures est complexe, c'est pourquoi il est préférable qu'elle ait lieu en ateliers d'effectif modeste pour que l'enseignant puisse étayer lors des premières réalisations et vérifier le nombre de côtés.
  Le dénombrement des côtés est particulièrement délicat. Dans notre récit le maitre dénombre en effectuant un calcul après avoir regroupé les côtés par couleurs. Il est probable que certains élèves préfèreront compter. On leur suggèrera alors de compter les côtés en tournant autour de la figure et de marquer le premier côté compté par un signe ou un objet afin de savoir où s'arrêter.
  La phase de recherche peut également s'effectuer en atelier, mais dans tous les cas on mettra en commun les recherches des différents groupes afin de voir les questions qui restent en suspens.

- L'affichage des figures réalisées peut rester visible pendant une longue période : les enfants qui le souhaitent peuvent ainsi chercher à obtenir un polygone avec un nombre de côtés pas encore trouvé ou obtenir un nombre déjà trouvé mais d'une façon inédite.

- Avec deux feuilles identiques on peut obtenir un polygone ayant au plus 16 côtés. Il n'est pas important que les élèves le sachent. Si la classe ne trouve pas de polygone à 16 côtés, l'enseignant ne dit pas qu'il est possible de le faire.

Exemples de formulation des savoirs par l'enseignant

- Quand on fait le tour de la figure, les traits droits entre deux virages s'appellent des côtés.
- Les figures qu'on fabrique dans ce travail sont fermées et ont des côtés bien droits. Elles s'appellent des polygones.
- Pour compter les côtés d'un polygone, il vaut mieux marquer le côté qu'on compte en premier pour savoir où s'arrêter.

Formulations adaptées au prolongement :

- L'endroit où deux côtés se touchent s'appelle un sommet.
- Il y a des sommets qui sont pointus comme les sommets des montagnes, mais il y a aussi des sommets qui sont en creux comme celui-ci :

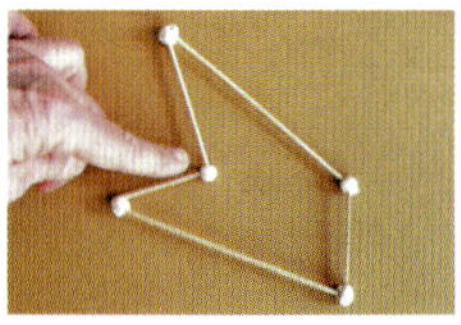

- Un polygone qui a 4 côtés a aussi 4 sommets, un polygone qui a 7 côtés a aussi 7 sommets. Les polygones ont autant de côtés que de sommets.

Prolongements et variantes

- **Prolongement :**

On peut proposer de reprendre les mêmes figures et de marquer d'un gros point les endroits où deux côtés se touchent. Ensuite, on écrit sur la figure (d'une autre couleur que pour les côtés) le nombre de points obtenus. L'enseignant s'assure comme pour les côtés que le dénombrement est correct.

En mettant en commun les résultats trouvés, on constate que pour toutes les figures le nombre de sommets est égal au nombre de côtés.

Pour aider à comprendre pourquoi il y a autant de côtés que de sommets dans un polygone, on peut utiliser des baguettes (pailles à boire, brochettes) dont l'une des extrémités est enfoncée dans une petite boule de pâte adhésive.

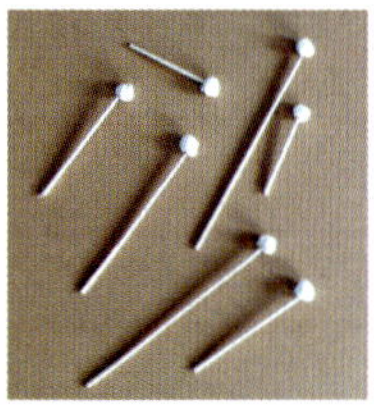

On fabriquera plusieurs polygones de la façon suivante :

1. Je prends 1 baguette et 1 boule.

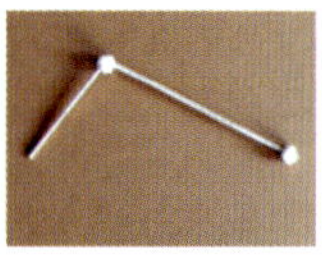

2. Maintenant, j'ai 2 baguettes et 2 boules.

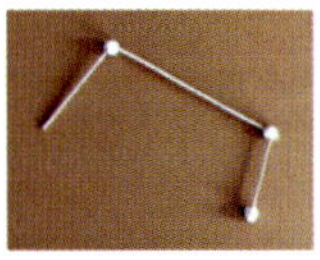

3. Et maintenant 3 baguettes et 3 boules.

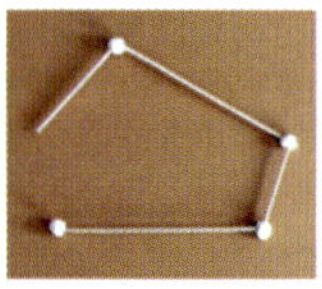

4. Cette fois j'ai 4 baguettes et 4 boules, comme il y a 1 boule attachée à chaque baguette, il y a toujours autant de boules que de baguettes.

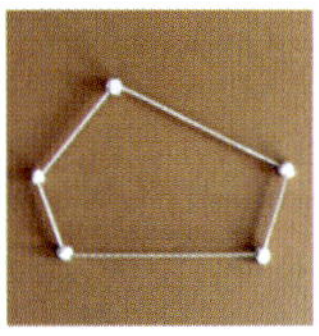

5. Quand je termine le polygone, il y a autant de baguettes que de boules, ici 5 baguettes et 5 boules.

Les deux feuilles

Ce que nous avons appris en maths

Nous avons fait tous ensemble une recherche sur un problème de géométrie.

- En collant deux feuilles de papier ordinaires, nous avons fabriqué des figures avec des côtés droits et nous avons compté les côtés. Ces figures sont des polygones.

- Ensuite nous nous sommes posé beaucoup de questions comme celles-ci :
  – Peut-on fabriquer une figure à 9 côtés ?
  – Y a-t-il d'autres façons d'obtenir une figure à 8 côtés ?
  – Peut-on obtenir plus de 13 côtés ?

Certaines de ces questions sont très difficiles.

Nous n'avons pas réussi à fabriquer avec deux feuilles un polygone à .... côtés. Nous ne savons pas si c'est possible.

16 Les machines

Période Période 5.

Organisation Groupes de 4 à 6 élèves (plusieurs groupes peuvent travailler simultanément).

Matériel Pour chaque groupe :

- 1 support d'une matière dans laquelle on peut enfoncer des punaises.
- 2 punaises de petit diamètre (pas de punaises plates) ou 2 épingles.
- Environ 5 cartons préparés par l'enseignant.
- 1 règle ou 1 baguette en bois bien droite.

Pour chaque élève :

- Des disques en carton de différents diamètres (par exemple 6 cm, 4 cm et 2 cm).

Présentation de l'activité aux élèves

Introduction de la machine qui se plie ou machine à symétrie

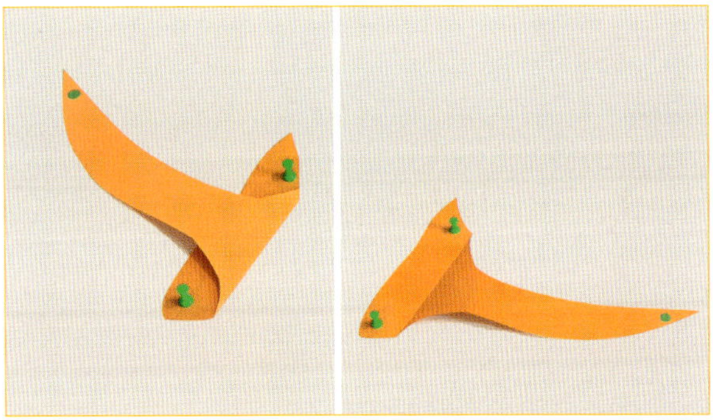

1 Ce carton a un pli, je peux placer la pointe avec une gommette d'un côté ou de l'autre.

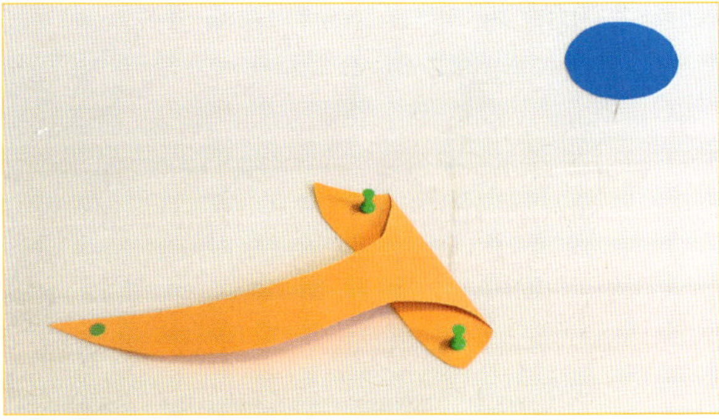

2 Je fixe le carton ailleurs. Avant de retourner la pointe, je place ma cible.

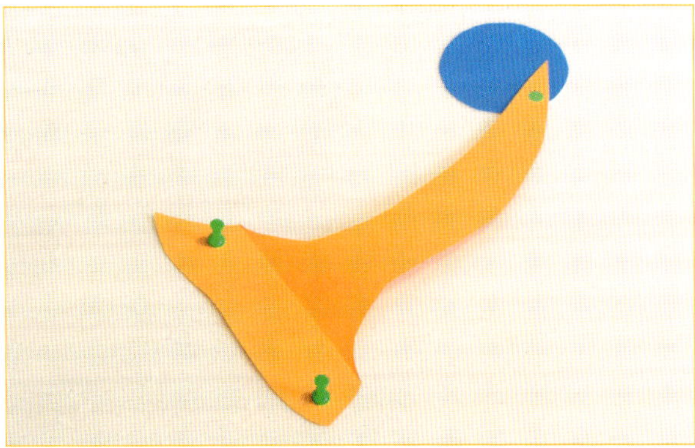

3 Je retourne la pointe, elle tombe sur la cible, j'ai gagné.

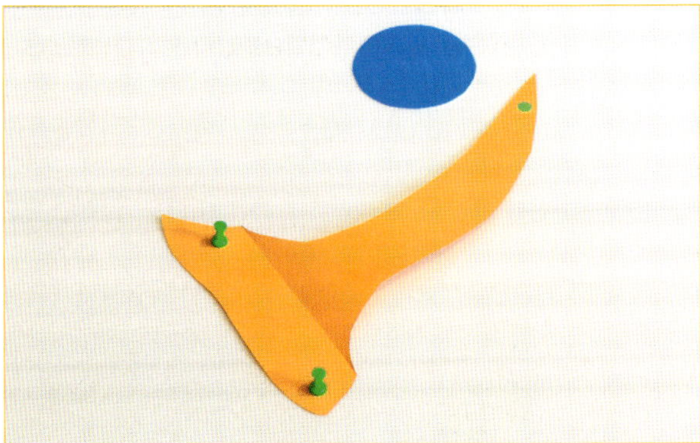

4 Si j'avais placé la cible ici, j'aurais perdu car la pointe n'est pas sur la cible.
Je déplace à nouveau le carton, Martin, veux-tu placer ta cible ?

Introduction de la machine à glisser

1

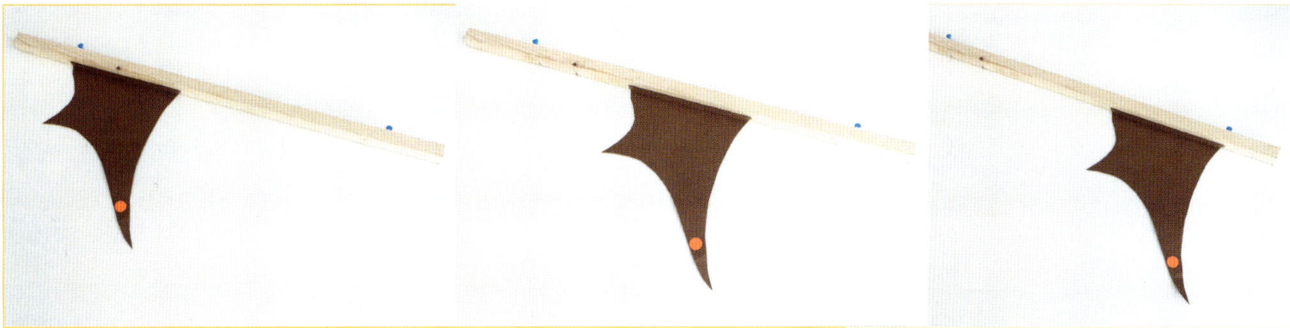

Cette nouvelle machine a deux pointes mais elle ne se plie pas, elle glisse comme ceci.

2

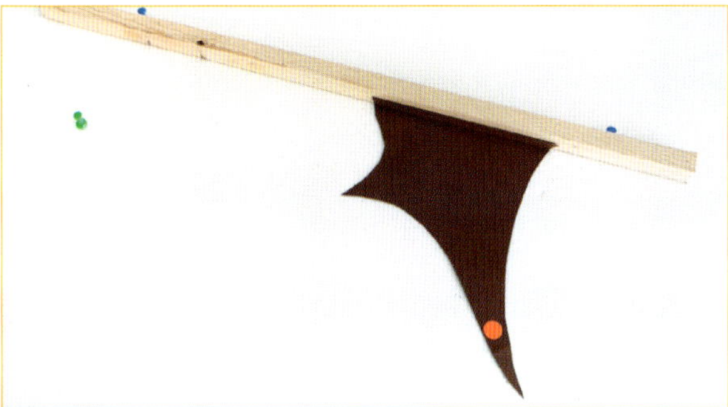

Fermez les yeux s'il vous plait pendant que je prépare cette nouvelle machine.
Vous pouvez ouvrir les yeux.

3

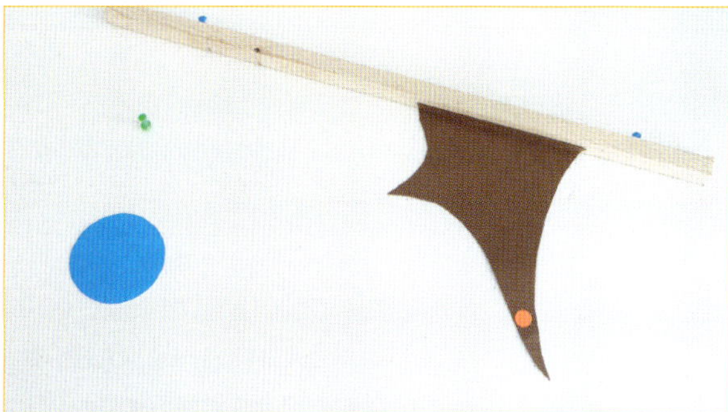

Je pose ma cible.

4

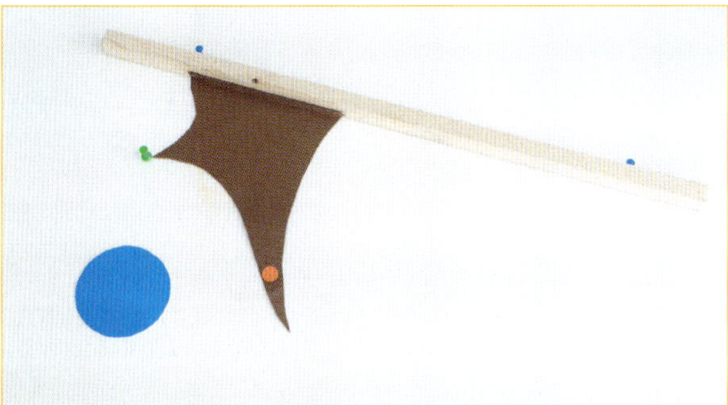

Je glisse la machine pour placer la petite pointe devant la punaise. La pointe avec la gommette n'est pas sur ma cible, j'ai perdu.

5

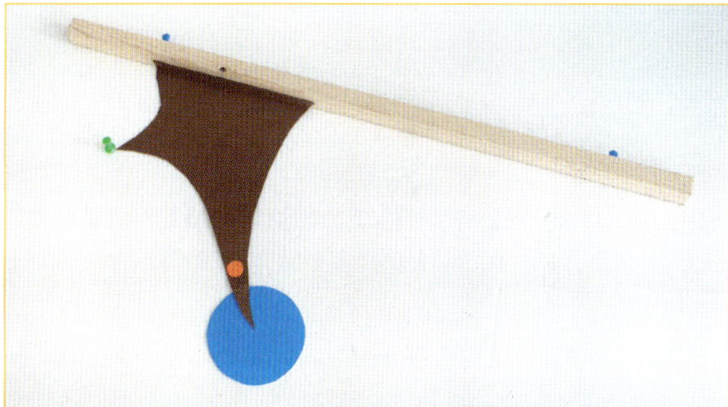

Si j'avais placé ma cible ici, j'aurais gagné. Fermez à nouveau les yeux, je déplace tout et ce sera à vous de placer la cible.

Introduction du jeu à deux machines tournantes

1

Aujourd'hui, j'ai apporté deux machines tournantes.

2

Je place ma cible.

3

Je tourne les machines pour que les deux pointes se touchent. J'ai perdu parce que les pointes ne se touchent pas sur ma cible.

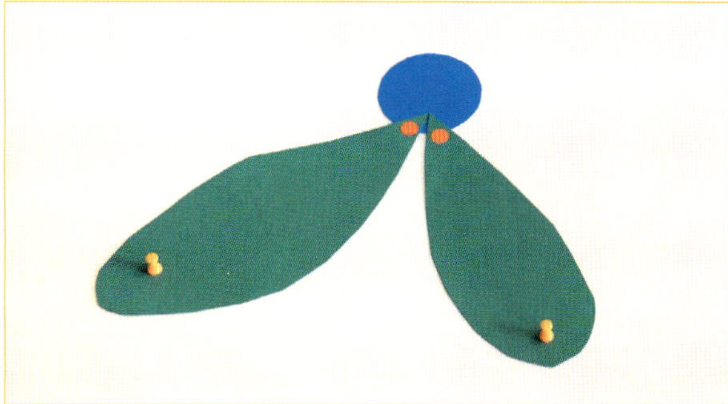

4

Si j'avais placé ma cible ici, j'aurais gagné. Je déplace mes machines, c'est à vous de placer la cible.

Précisions sur le matériel

- On choisira la taille du support et celle des machines aussi grandes que possible.
- La machine à glisser se compose d'une règle ou d'une baguette bien droite et d'un carton à deux pointes. Le côté droit est plié à 90° (pour ne pas glisser sous la baguette). Il est préférable de placer deux punaises derrière la baguette de bois pour qu'elle ne bouge pas pendant le déplacement du carton à pointes. Il est important de repérer une des pointes par une gommette car les deux pointes n'ont pas la même fonction.

Précisions sur le déroulement

- Il est nécessaire d'avoir travaillé la situation 3 « les papiers pliés » avant d'utiliser la machine à symétrie.
- Une fois le jeu compris, chaque élève à tour de rôle place une machine, les autres placent leur cible. Le joueur qui place la machine peut choisir de déplacer le carton qui vient d'être utilisé ou d'en prendre un autre.
- La taille proposée pour les cibles est indicative. Si la tâche est trop difficile, l'enseignant fournira des cibles plus grandes. Il fournira des cibles plus petites dès que la tâche devient trop simple.
- Dans la machine à glisser, pour placer la punaise, l'enseignant doit mettre le carton dans sa position finale (une des pointes touche la punaise) avant de l'en écarter. Les élèves doivent fermer les yeux à ce moment pour ne pas voir la solution.
- Avant d'utiliser les machines tournantes, on fera réaliser des graphismes à l'aide de cartons fixés sur un support par une seule punaise et comportant un trou pour laisser passer la pointe d'un crayon.

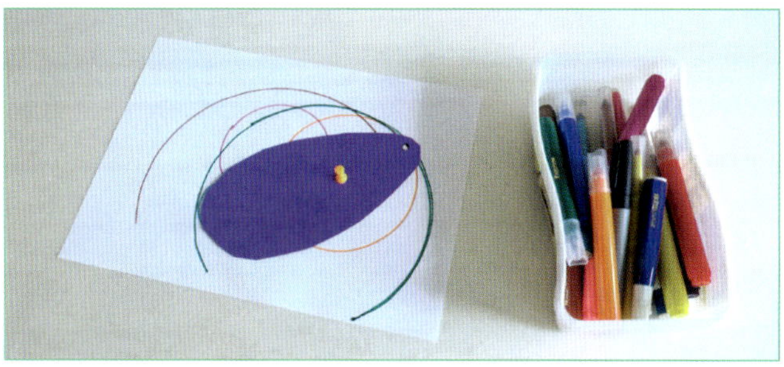

Les élèves découvriront à cette occasion qu'en tournant autour d'un point fixe on obtient un cercle. Cette découverte les aidera à anticiper la position des pointes des machines tournantes.

- Pour le jeu à deux machines tournantes, il y a généralement deux solutions. Les deux positions permettent évidemment de gagner.
  Si les deux machines sont trop éloignées l'une de l'autre, il n'y a aucune solution. Si le cas se produit, l'enseignant s'excusera d'avoir proposé un travail impossible à réussir. Puis il expliquera que si un élève pense que les deux pointes ne peuvent pas se rejoindre, il doit refuser de placer sa cible.

Exemples de formulation des savoirs par l'enseignant

Formulations adaptées à la machine à symétrie :

- Si la pointe est loin du pli, quand on la retourne elle reste loin du pli.
- Pour prévoir où ira la pointe, j'imagine que j'ouvre un papier plié pour avoir une forme symétrique.

Formulations adaptées à la machine à glisser :

- La machine glisse, mais elle ne se déforme pas. Si les deux pointes sont près l'une de l'autre au départ, elles restent près l'une de l'autre à l'arrivée.
- En glissant, les pointes ne se rapprochent pas de la baguette qui guide la machine, elles ne s'éloignent pas non plus.
- Imaginer de grandes bandes placées comme ça le long de la baguette peut aider à placer sa cible.

Formulations adaptées pour les deux machines tournantes :

- Pour placer sa cible, il faut imaginer le cercle que va suivre cette pointe (décrire le cercle avec le doigt) et aussi le cercle que va suivre cette pointe (décrire le cercle).

Ce que nous avons appris en maths

Nous avons utilisé des machines en carton.

- Avec cette machine, on peut placer la pointe d'un côté ou de l'autre.

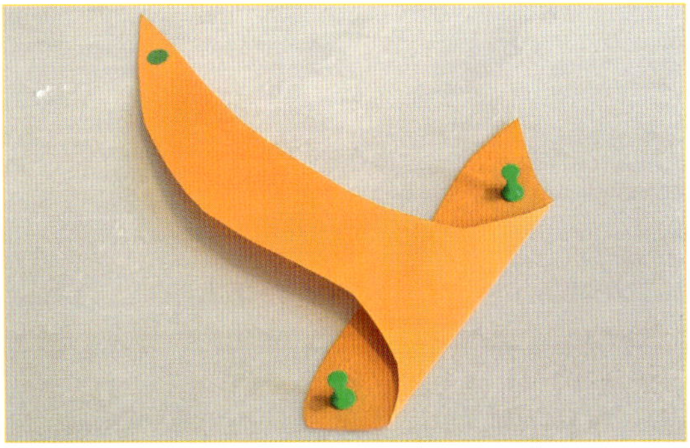

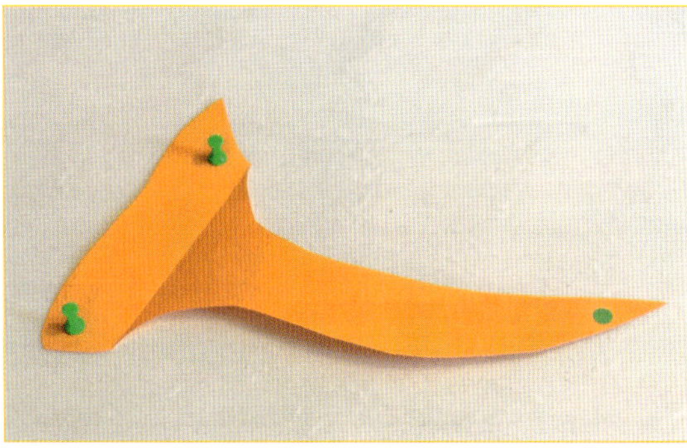

- Nous avons appris à prévoir où irait la pointe quand on la retourne de l'autre côté. Quand nous avons bien prévu, la pointe tombe sur la cible.

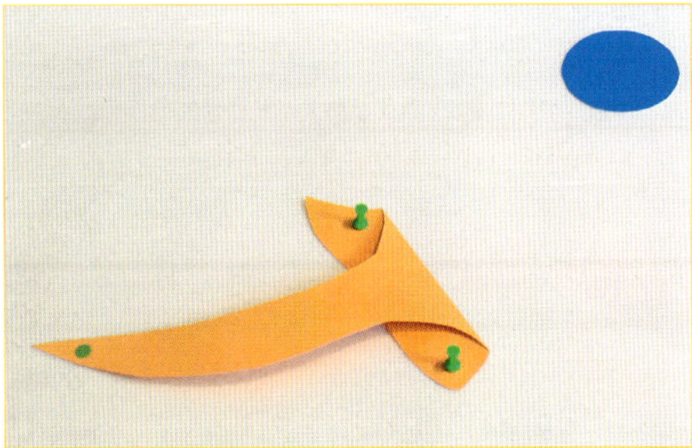

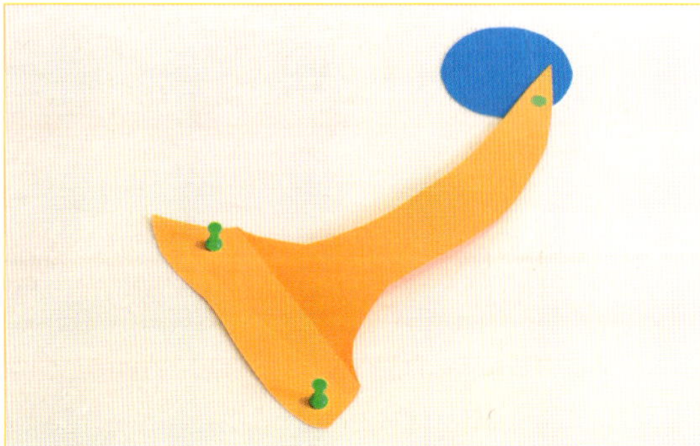

- Nous avons aussi fait le même genre de travail avec des machines qui glissent ou qui tournent.

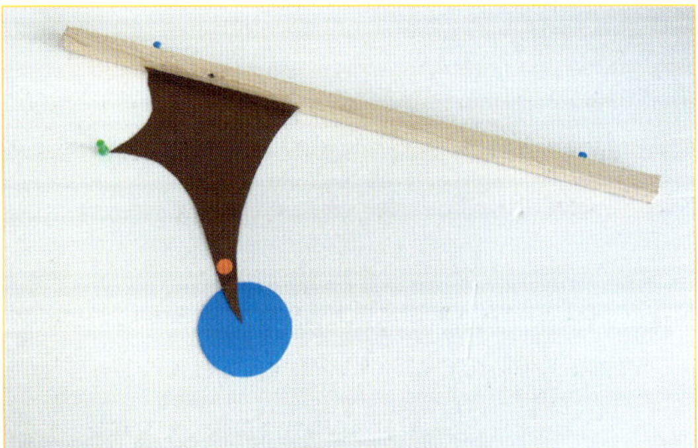

Bibliographie

• **Berthelot, R., et Salin, M.H.** (1994), L'enseignement de la géométrie à l'école primaire, *Grand N* n° 53 p. 39-56. Consulté à l'adresse www-irem.ujf-grenoble.fr/revues/revue_n/fic/53/53n5.pdf

• **Briand, J.** (1993), L'énumération dans le mesurage des collections. Thèse de doctorat, université Bordeaux-1, Bordeaux.

• **Briand, J.** (1999), Contribution à la réorganisation des savoirs prénumériques et numériques. Étude et réalisation d'une situation d'enseignement de l'énumération dans le domaine prénumérique. *Recherches en didactique des mathématiques*, 19, 1, p. 41–76.

• **Briand, J., Lacave Luciani, M.-J., Harvouët, M., Bedère, D., & Goua de Baix, V.** (1999), Enseigner l'énumération en moyenne section. *Grand N*, 66, p. 7-22. Consulté à l'adresse http://irem.univ-grenoble-alpes.fr/revues/revue_n/fic/66/66n2.pdf

• **Brissiaud, R.** (2003), *Comment les enfants apprennent à calculer : le rôle du langage, des représentations figurées et du calcul dans la conceptualisation des nombres* (nouvelle édition). Retz, Paris.

• **Brissiaud, R.** (2007), *Premiers pas vers les maths*. Les chemins de la réussite à l'école maternelle. Retz, Paris.

• **Brissiaud, R.** (2012), Il faut refonder l'apprentissage des nombres en maternelle. Le Café pédagogique, novembre 2012.

• **Brissiaud, R.** (2013), *Apprendre à calculer à l'école*. Retz, Paris.

• **Brousseau, G.** (1984), Le rôle du maître et l'institutionnalisation. In *Actes de la IIIe École d'été de didactique des mathématiques*, p. 43-47. Éditions Équipe de didactique des mathématiques et de l'informatique, université 1 de Grenoble et CNRS Institut IMAG.

• **Brousseau, G.** (1990), Le contrat didactique : le milieu. *Recherches en didactique des mathématiques*, 9, 3, p. 309-336.

• **Brousseau, G.** (1997), La théorie des situations didactiques. Cours donné à Montréal. http://guy-brousseau.com/1694/la-theorie-des-situations-didactiques-le-cours-de-montreal-1997

• **Brousseau, G.** (1998a), Le centre d'observation de l'IREM de Bordeaux. In *Théorie des situations didactiques*, p. 359–366. La Pensée sauvage édition, Grenoble.

• **Brousseau, G.** (1998b), *Théorie des situations didactiques*. La Pensée sauvage, Grenoble.

• **Duval, R., & Gaudin, M.** (2005). Les changements de regards nécessaires sur les figures. *Grand N*, 76, 7-27. Consulté à l'adresse www-irem.ujf-grenoble.fr/revues/revue_n/fic/76/76n2.pdf

• **Fayol, M.** (2012), *L'acquisition du nombre*. « Que sais-je ? », Presses universitaires de France, Paris.

Gelman, R., & Gallistel, C. R. (1978), *The Child's Understanding of Numbers*. Harvard University Press, Cambridge.

• **Margolinas, C.** (1993), *De l'importance du vrai et du faux dans la classe de mathématiques*. La Pensée sauvage édition, Grenoble.

• **Margolinas, C., & Wozniak, F.** (2012), *Le nombre à l'école maternelle, une approche didactique*. De Boeck édition, Bruxelles.

• **Perrin-Glorian, M. J.** (2015). Jouer avec des formes en maternelle : premiers pas vers la géométrie. Consulté à l'adresse https://hal.archives-ouvertes.fr/hal-01296515

Présentation des ressources numériques

Plus de 300 PDF à imprimer ou à vidéoprojeter

Toutes les ressources nécessaires à la mise en œuvre des situations et des calculines : cartes à points, étiquettes-nombres, fiches écriture chiffrée et constellation, jeux de cartes, livre des dés, paroles et partitions des calculines… ainsi que les fiches « Ce que nous avons appris en maths ».

Tous ces documents sont **prêts à l'emploi** : imprimez (en couleurs ou en noir et blanc, en A4 ou en A3), photocopiez, découpez ou vidéoprojetez.

- Situations numériques

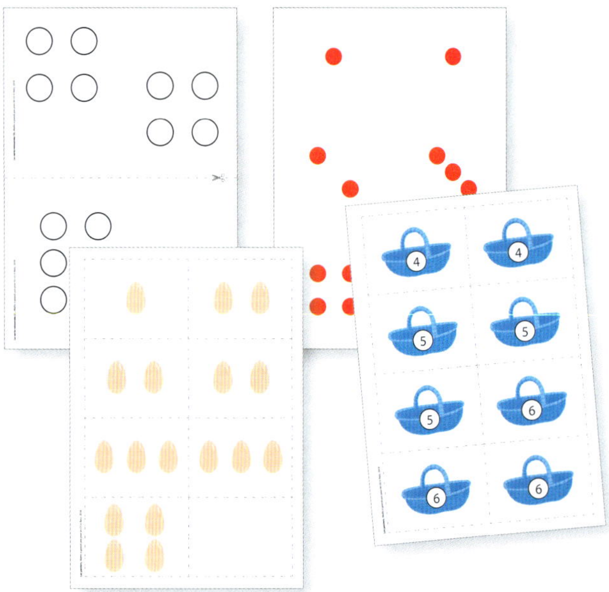

- Situations non numériques

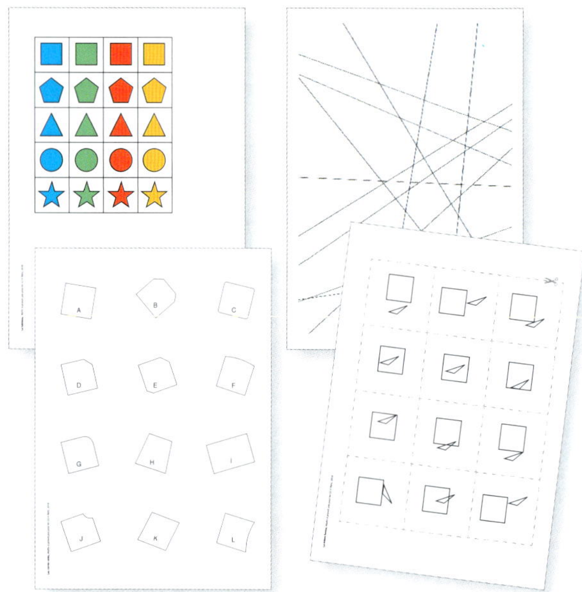

- Calculines

- Fiches « Ce que nous avons appris en maths »

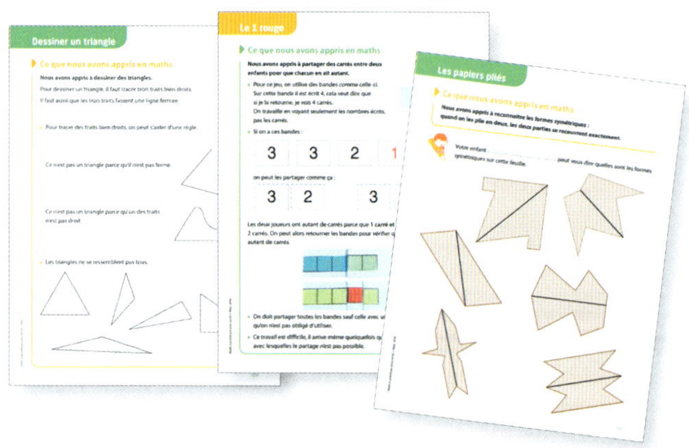

8 calculines (versions chantée et instrumentale) à écouter à partir d'un ordinateur ou d'une chaine HiFi

Pistes du CD

1 Trois p'tits minous
2 Six singes sont assis
3 Les radis
4 L'araignée
5 Dix petits oiseaux
6 Les oies
7 L'escargot
8 L'omelette

(Les pistes 9 à 16 sont les versions instrumentales.)

Installer l'application

Sur PC : Insérer le disque dans votre lecteur : l'installation se lance automatiquement. Si ce n'est pas le cas, aller chercher et cliquer sur le fichier « Maths_a_grands_pas_GS_PC.exe » puis suivre les étapes d'installation jusqu'à la fin. Une icone s'affiche alors sur le « Bureau » : double-cliquer dessus pour lancer le CD.

Sur Mac : Insérer le disque dans votre lecteur et double cliquer sur l'icone pour l'ouvrir. Double cliquer sur « Maths_a_grands_pas_GS_MAC.dmg » puis glisser l'application dans le dossier « Applications ». Aller dans le dossier « Applications » et double cliquer sur l'application installée pour la lancer. L'installation peut prendre quelques minutes.

L'insertion du CD n'est plus nécessaire une fois l'application installée sur l'ordinateur (PC et Mac). Dorénavant, les ressources numériques sont aussi proposées en téléchargement.

Naviguer dans l'application

• Accueil

Cliquer sur le logo pour accéder au site Retz.

Cliquer sur la rubrique souhaitée pour accéder aux ressources associées.

Cliquer sur le bandeau supérieur pour retourner à l'écran d'accueil.

Le nom de la rubrique sélectionnée s'affiche en bleu.

Cliquer sur ces boutons pour accéder directement aux autres rubriques, sans repasser par l'accueil.

L'ensemble des ressources associées à la rubrique s'affiche (dérouler les sous-menus pour afficher les ressources de chaque situation ou calculine).

• Afficher les fichiers PDF

1. Cliquer sur le nom du document pour le visionner, l'imprimer ou le vidéoprojeter. Le document s'affiche dans une nouvelle fenêtre (voir 2.).

2. Le logiciel automatiquement utilisé (Adobe Reader, Aperçu…) permet d'agir sur le document : zoom, rotation, impression…

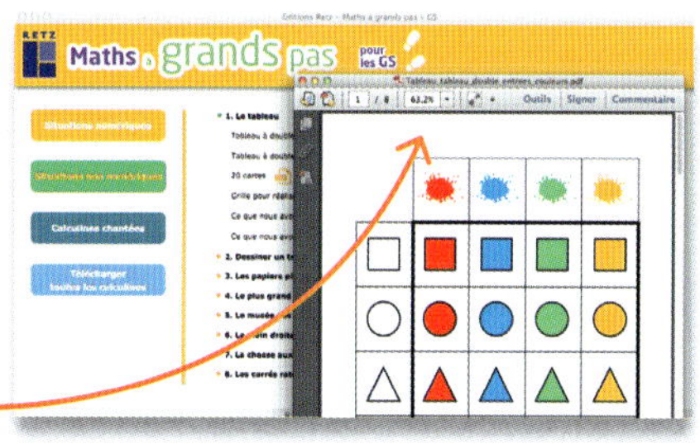

• Écouter les calculines

1. Pour écouter les fichiers audio, cliquer sur le titre souhaité.

2. Un player s'affiche avec des boutons « Lecture », « Pause » et « Volume ».

Il est aussi possible d'écouter les calculines à partir d'une chaine HiFi ou de les télécharger en mp3.

Dans la même collection

8 calculines :
Paroles et musiques : Yves Thomas
Arrangements : Jean-Alain Manœuvrier et Laurent Cheval
Chant : Laurent Cheval
Musiciens : Florent Abadie, Laurent Cheval, Jean-Alain Manœuvrier
Prise de son, mixage, mastering : Florent Abadie

Enregistrement fait au M@H studio.

Direction éditoriale : Céline Lorcher
Édition : Élodie Chaudière
Illustrations : Sébastien Chebret
Photos : Yves Thomas
Mise en page et réalisation : Anne-Danielle Naname / Laurine Caucat
Correction : Bernard Rousselot
Conception de l'application : Studit

N° de projet : 10290548 - Dépôt légal : octobre 2019
Achevé d'imprimer en France en février 2023 sur les presses de Clerc.